U0503647

中国共产党诞生地
出版工程

陈延年画传

龙华英烈画传系列丛书

中共上海市委党史研究室　龙华烈士纪念馆　编

曹典　著

上海人民出版社

龙华英烈画传系列丛书编委会

主　任：严爱云

副主任：曹力奋　王为松

编　委：薛　峰　年士萍　吴海勇　邹　强

出版说明

2021 年是中国共产党成立 100 周年，为回望早期中国共产党人"革命理想高于天"的信仰力量、艰苦卓绝的开拓斗争、舍生取义的无畏牺牲，从中汲取继续奋进的强大精神力量，由中共上海市委宣传部组织，中共上海市委党史研究室、龙华烈士纪念馆编写龙华英烈画传系列丛书，致敬为真理上下求索、为信仰奋斗牺牲的革命先驱们。

上海市龙华烈士陵园（龙华烈士纪念馆）是国民革命、土地革命时期著名英烈人物最为集中的纪念地。在新中国成立前中国共产党产生了 171 位中央委员，其中有 42 人牺牲，在龙华牺牲了 7 位，占六分之一；首届中共中央监察委委员 10 人中有 8 人牺牲，在龙华牺牲了 4 位，占二分之一；其他曾在龙华被押过的革命者更是数以千计。丛书首批选取 11 位英烈，按照其生平脉络，选取若干重要历史事件，配以反映历史背景、切合主题内容、延伸相关阅读的丰富历史图片，以图文并茂的方式叙写龙华英烈们在风雨如晦中筚路蓝缕的艰难寻路、为中国革命披肝沥胆的无畏与牺牲，彰显早期中国共产党人实现救国、救民的初心。

丛书所收录的图片和史料多源自各兄弟省市党史研究室、纪念场馆，以及中共上海市委党史研究室、龙华烈士纪念馆等机构的公开出版物及展陈，或源自英烈后代的珍藏。基本采用历史事件发生时期的老照片，但由于年代久远且条件有限，部分无法直接利用的老照片，或进行必要修复，或通过对现存史料进行考证后重新拍摄。

丛书反映内容跨度长、涉及面广、信息量大且年代久远，编写人员虽竭尽全力，但不足和疏漏之处在所难免，敬请广大读者批评指正。

目 录

| 一 |

少年时代

CHEN YANNIAN

书香门第

陈延年（1898—1927），又名遐延，化名林木、陈东，笔名年、人等，1898年生于安徽省安庆市大南门培德巷东口1号（今属安庆市迎江区），祖籍安徽怀宁县广济圩陈家剖屋（今安庆市宜秀区白泽湖乡独秀社区陈祠）。

陈延年的曾祖父陈章旭（1819—1889），字太占，亦字晓峰。祖父陈衍中（1848—1881），字象五，优廪贡生。祖母查氏

陈延年

（1852—1899）。父亲陈独秀（1879—1942），族名庆同，官名乾生，字仲甫。陈独秀2岁时，父亲病逝，于是过继给叔父陈衍庶为嗣子。陈衍庶（1851—1913），字昔凡，又名庶，清光绪元年（1875）恩科举人，曾在奉天（今辽宁省）做官，在诗文书画方面造诣很深。陈衍庶先后娶妻三个，原配方氏，续娶谢氏（1862—1939），侧室邵氏。这个大家庭当家的就是谢氏，她去世时，作为嗣子的陈独秀为其披麻戴孝、送葬。陈延年母亲高大众（1876—1930），系安徽霍邱县副将高登科长女。高氏育有子女五人：陈延年居长，长女玉莹（1900—1928），三子乔年（1902—1928），四女年幼即殇，五子松年（1910—1990）。陈独秀的第二位夫人高君曼（1885—1931），与高大众同父异母。高君曼育有一女陈子美（1912—2004），一子陈鹤年（1913—2000）。

陈衍庶做官经商，陈家家资丰厚。最盛时，陈家家产总计达6万元左右。在奉天彰武县有土地200亩，在安徽贵池县置地800亩；在北京和奉天有两家古玩店。在安庆四牌楼有近10家铺面，每月租金200元左右。清末，陈衍庶又在安庆南水关自建两幢住房，前后共19间，宅前宅后皆有花园，这就是有名的陈家大洋房子。在房子东面，还有一座平房，共8间。土地租金、商业盈余的收入，除供给家人生活外，还有大量盈余。由此可知，陈延年少年时家境较为富足。不过陈衍庶民国初年经商失利，陈

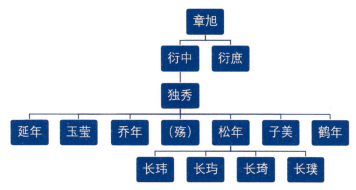

陈延年家族世系简图

家勉强偿还完欠款，加之遭袁世凯爪牙倪嗣冲抄家，陈家也就由富绅成为小康之家了。

　　陈延年的童年和少年时代主要在安庆度过。大约五六岁时，叔祖母和母亲便送他去私塾读书。十二三岁时，陈延年就读于安庆尚志小学。延年个子不高，浓眉大眼，皮肤粗黑，看上去不像是读书人的样子。陈独秀的同乡潘赞化称其："气宇深沉，不苟言笑，私塾读书，聪颖过人。"延年热爱读书，读起书来日夜不停。他博览群书，经常去邻居汪洋老先生家借书，借回来就坐在书房里阅读。延年文笔好，写得一手好文章，一些看过他文章的老先生说："可惜现在科举废了，否则延年必能考中。"小时候，陈延年喜欢去江边的迎江寺，他同寺里的主持月霞和尚关系很好，很谈得来。他少年时的朋友还有后来成为安徽大学校长的程演生。

1917年，怀宁乡贤邵国霖仙逝，一批怀宁同乡纷纷送来挽联表达敬意。时年19岁的陈延年虽在上海求学，闻讯亦寄来挽联，上书"千秋峻节并流传　从牛牢子陵以来更逢逸老，一载乡贤替陨落　于朗斋晴庵而后又哭先生。"上联用牛牢、子陵之典，足见延年丰富的历史知识和扎实的文史动力，下联指怀宁乡贤朗斋、晴庵、邵国霖同年去世，寄托了延年尊师重教、怀念乡贤的思乡之情和拳拳之心。

　　陈延年的弟弟陈乔年和他性格完全不同，乔年皮肤白皙，身材瘦削，像个白面书生，性格开朗、调皮，喜欢说笑打闹。兄弟二人

陈延年、陈乔年读书处

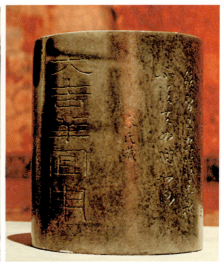

陈独秀、陈延年、陈乔年使用的祖传笔筒

陈延年画传

关系很好，从童年起一直到陈延年从国外留学回来，都在一起。

陈延年年少时，中国正处于半殖民地半封建社会，清王朝统治风雨飘摇。1907年至1908年，安庆城发生了两起反清革命事件。1907年7月6日革命党人、安徽巡警处会办兼巡警学堂监督徐锡麟率领巡警学堂学生起义，枪杀安徽巡抚恩铭，攻占军械所，后失败被俘，次日慷慨就义。1908年11月熊成基趁光绪皇帝和慈禧太后相继去世的机会，率部起义，进攻安庆北门，激战一昼夜而失败。这两次起义虽然没能推翻清政府，但影响很大，给少年陈延年留下了深刻印象。

辛亥革命安徽光复后，先是孙毓筠出任安徽军政府都督，委任陈独秀担任都督府顾问。继而，柏文蔚出任安徽都督，委任陈独秀担任都督府秘书长。两任都督对陈独秀极为倚重。1913年3月，国民党代理理事长宋教仁在上海被刺身亡，不久国民党发动讨伐袁世凯的二次革命。6月，柏文蔚被袁世凯免职，陈独秀随后辞职。7月，陈独秀协助柏文蔚讨袁。不久，讨袁失败。袁世凯的爪牙倪嗣冲兵占安庆，陈独秀逃往上海。倪嗣冲抓不到陈独秀，就派人抄其老家，搜捕陈独秀的儿子。陈独秀的族侄陈遐文回忆说：

　　民国二年，袁世凯当大总统，倪嗣冲在安徽做督军，马

陈独秀　　　　　　　　　　　《青年杂志》创刊号

联甲那时候当统领，说陈独秀私造枪炮子弹，带人把他家查封了，陈独秀跑了，他家被一抄干净，把昔凡公收藏的字画一抢而空。统领手下的人，还到处提拿陈独秀的两个儿子，要斩草除根。陈独秀的两个儿子，一个叫小四子（指延年），长长瓜子脸，一个叫小五子（指乔年），团脸儿，小六子年纪还小。当时，小四子、小五子就从屋头上跳下来。连夜跑下乡，找到我家。我把妈妈的床拉开，在床里边搭个铺，把蚊帐撑着，让他们在里面睡了三夜，末后家里来人才找到他们。据说，当时没有逮到延年和乔年，却把陈独秀的侄子永年逮去了。这时昔凡公已经死了，灵柩停在家里。

风声过去后，陈延年、陈乔年弟兄俩又回到安庆。陈延年后就读于全皖中学（安庆第一中学前身），读书更为勤奋。当时全皖中学有个叫汤葆铭的先生，喜欢给学生出难题，但都难不倒延年。汤先生的题目刚刚写好，延年就答出来了。

陈延年、陈乔年在安庆的中学没有读多久，就去北京读书。他们在父亲陈独秀的影响下，学习法文。进入20世纪以来，法国大革命时期的政治思想影响了相当一批中国知识分子和政治领导者，如梁启超、陈独秀和不少国民党的领导人。陈独秀曾学过法语，成为法国文明的崇拜者和宣传者。胡适也说："他（陈独秀）深受法国文化影响，又看得懂英文和法文。"兄弟二人1914年入法国天主堂设立的北京法文高等学堂就读。

1915年6月中旬，陈独秀自日本回到上海，开始筹办《青年杂志》。9月15日，《青年杂志》（翌年改名为《新青年》）创刊，拉开了新文化运动的序幕。1916年，陈独秀把陈延年兄弟俩接到上海。

上海求学

陈延年、陈乔年初到上海时，先与父亲陈独秀同住上海法租

领展企业广场所在地

界嵩山路南口吉益里 21 号（今太仓路领展企业广场所在地），后搬出去另住。1917 年初，陈独秀北上北京大学任职，陈延年兄弟仍留沪读书。

陈延年先进法租界麦赛而蒂罗路 88 号法文协会内法文协会学校（今兴安路中环广场）学习。陈延年法语进步很快，获得"法文极佳"的赞誉。1917 年 5 月 27 日，陈延年与高语罕、程演生等在静安寺路愚园成立安徽旅沪学生俱乐部。当年夏，陈延年、高语罕等参与重组麦根路中华商业学校。1918 年，陈延年离开法文协会学校。不久，陈延年考入具有法国背景的震旦大学院。（据陈乔年在莫斯科填写的党员团员调查表记录，他在离开上海法文协会后，于 1919 年在上海法文翻译学校就读，陈延年也可能是在该校读书。）

　　求学期间，陈延年和陈乔年一度没有住在家里。据潘赞化回忆，延年兄弟俩"寄宿于《新青年》杂志发行所（四马路亚东图书馆）的店堂地板上。白天在外工作，谋生自给，食则夸饼，饮则自来水，冬仍衣袷，夏不张盖，日与工人同作工，故颜色焦枯，人多惜之，而怪独秀之忍也"。陈独秀的第二个妻子，也就是延年的姨妈高君曼，非常关心兄弟两人的生活，力劝陈独秀允许他们在家吃住，但陈独秀不以为然。高君曼后请潘赞化向他进

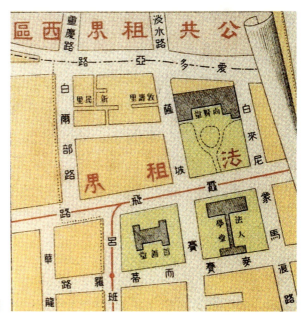

法文协会学校位置图

亚东图书馆编辑所同人合影，后排右起第3人为汪原放

言，陈独秀却说："妇人之仁，徒贼子弟，虽是善意，反生恶果，少年人生，听他自创前途可也。"

1917 年 1 月，在蔡元培的力邀下，陈独秀离沪赴京，担任北京大学文科学长，同时将《新青年》迁往北京继续出版。两兄弟对父亲北上任职不以为然，认为他是去做"旧官僚"。陈独秀离沪前，委托亚东图书馆从他的稿费中每月付给延年、乔年 10 元钱，供给他们读书、生活之用。

面对艰苦的生活，陈延年坚持磨炼自己。1919 年冬的一个夜晚，法文班下课后，北风大作，天气寒冷，路旁电灯昏蒙不明。衣服单薄的陈延年走在路上，"一身寒雾笼罩，如沙漠上小羔羊"。潘赞化请其到自己寓所换件厚衣服，被他谢绝了。陈乔年有次来亚东图书馆干活，书店的朋友汪原放问起他在学校怎么吃饭时，他说："啃上几块面包，如果塞住了，就浇上一点自来水，还不行的话，再加上一点盐。"陈家家道虽然衰落，接济孙辈读书的能力还有。陈延年的叔祖母谢氏每年都要到上海清查家族经营的金铺账目，总要派人寻找延年、乔年。当她看到兄弟俩衣着破旧、脸色憔悴时，不禁伤心落泪，要帮他们添置衣物，要汇款供他们上学。但陈延年不肯多要叔祖母的钱。

陈独秀 1910 年迎娶高大众的同父异母妹妹高君曼，与高大众分居。陈延年不满父亲所为，父子感情较为淡薄。人们认为他们"父子各独立，不相谋也"。1919 年五四运动爆发后，陈独秀密切关注形势发展，相继写下《山东问题与国民觉悟》《研究室与监狱》等文章，推动五四运动发展。6 月 11 日，他与高一涵、王星拱等人到北京香厂新世界游艺场散发《北京市民宣言》传单，被守在屋顶花园的暗探抓捕。潘赞化曾就此事问陈延年的感想，延年说："即作不怕，怕则不作，况这次学潮，含有无产阶级斗争之意义，千古未有，空前复杂情况下危险乃意中事，亦分内事。志士仁人，求此机会作光荣之牺牲而不可得，有何恐怖之可言？"潘赞化又问："假使同人援救无效，汝之感想将何如？"延年淡然回答说："不过中国失去一有学识之人，当然可惜耳。"

编辑《进化》杂志

陈延年在上海求学之时，陈独秀等先进知识分子发动的新文化运动逐渐在全国展开。当时，中国思想界异常活跃，各种外来思潮迅速传播。新文化运动初期，马克思主义还没有在中国广泛传播。无政府主义却有较大影响。无政府主义思想发端于西方，又称安那其主义，由法语 Anarchisme 一词音译而来。原意为无强权、无领导之意。在欧洲，无政府主义思潮的代表人物主要有蒲鲁东、巴枯宁、克鲁泡特金等。

19 世纪末 20 世纪初，无政府主义思想开始传入中国。辛亥革命后，刘师复等首先在国内组织无政府主义团体，1912 年 5 月在广州组织晦明学舍，7 月组织心社。次年 8 月创办《晦鸣录》，后改名《民声》，1914 年 4 月转往上海继续出版。1914 年 7 月，刘师复在上海法租界创办世界语讲习所，成立无政府共产主义同志社。1915 年刘师复去世后，被称作中国无政府主义的正统派代表人物黄凌霜、区声白等人继承他的衣钵。上海是无政府主义传播重地。

五四运动时期，无政府主义思想在中国的传播达到顶峰。据不完全统计，1919 年至 1923 年，全国有无政府主义团体 90 余个，刊物有 70 多种。早期共产主义者在信仰社会主义之前，大多受过无政府主义的影响，如毛泽东、周恩来、恽代英、俞秀松、施存统等。陈延年在其寻找光明道路的过程中，深受无政府主义的影响，参加了无政府主义团体的活动。

陈延年在上海阅读《民声》《劳动》等宣传无政府主义的刊物及译著。他精通法文，能够阅读法文版的无政府主义书刊，读过蒲鲁东、巴枯宁等撰写的法文原著，甚至翻译过《巴枯宁全集》。他特别崇信克鲁泡特金的《互助论》，把书中阐述的所谓无政府共产主义学说当做改造旧社会、创立新世界的"良药"。他先后结识了无政府主义者吴稚晖、李石曾、黄凌霜、郑佩刚等。

中国的无政府主义团体由于受到北洋军阀政府的压迫，以及本身组织的不严密和经费的缺乏，它们的出版物如民声社的《民声》、实社出版的《自由录》、平社出版的《太平》、群社出版的《人群》等相继停刊。1919年1月，这四个小团体合并组成进化社。进化社成立"进化杂志社"，编辑事务分为出版每月一期的《进化》以及选译西方无政府主义著作出版《进化丛书》，发行事务由上海平民贩书社负责。进化社的发起人有郑佩刚、杨志道、黄凌霜、区声白、尉克水、几贞。进化社标榜的宗旨是"介绍科学真理，传播人道主义"。《进化》月刊用很大的篇幅介绍克鲁泡特金的《互助论》，提倡一种"各尽所能，各取所需"的互助生活，认为"互助"是"进化"的要素。但是，该刊坚决反对马克思主义的阶级斗争学说，污蔑马克思主义是"集产主义"。

陈延年参与《进化》月刊的编辑工作。他以"人"的笔名在《进化》的第1、2期发表过两篇《编辑余话》，又在第三期发表《为什么我们要发刊"师复纪念号"？》，宣扬刘师复反对旧文化、旧传统的精神，指出刘师复"不但不来发挥支那文明的特色，反而拼着一腔热血，偏要和支那文明的特色做冤家对头，把他压倒"，"没有让我们支那人发挥一阵子支那文明的特色，给他脱了胎，换了骨，变成个不三不四，非牛非马的怪物"。他对协约国的帝国主义强盗和中国封建军阀的反动统治进行尖锐抨击，号召人们起来"拿一副极坚强的奋斗精神"，反抗"恶社会"。陈延年强调革命必须"排患御困，勇往直前"，即使"进了黑屋子，上了断头台"也在所不惜。他严厉地斥责某些所谓的无政府主义党人以"主义"为幌子，实则谋官发财的可耻行径。

《进化》月刊出版后，陈乔年带郑佩刚来亚东图书馆，请亚东帮助代销《进化》等宣传无政府主义思想的书刊，亚东图书馆老板汪孟邹答应了。这些书刊很受读者欢迎，但被租界以及北洋政府视为洪水猛兽。

《进化》月刊与其他无政府主义刊物一样是短命的，仅出

亚东图书馆所在地周边今貌

版三期。北洋军阀反动政府认为这些无政府主义刊物"妨害治安，败坏风俗"，"专以鼓吹社会革命、无政府、同盟罢工、共产"等。1919 年 5 月，军阀政府查禁《进化》杂志。上海公共租界巡捕房还追捕《进化》的发行人。一天，公共租界的英国巡捕带了两个华捕来，把汪孟邹抓走，罪名就是亚东图书馆为无政府党人推销书刊。后经过疏通，又缴纳罚款，汪孟邹才被释放。不久，郑佩刚在成都路陈延年寓所与他见了一面。陈延年告诉郑佩刚说："泰东书局老板赵南公，亚东书局老板汪孟邹都给英巡捕房捕去，此刻巡捕房正派人到处侦缉你"，劝他不要随意走动。郑佩刚与陈延年分开后，沿霞飞路走到宝昌里"救国日报社"门前，便被捕了。经多番审讯，5月15日，郑佩刚以嫌疑罪判决徒刑6个月，期满出境，永远不准再入租界。在恶劣的环境下，陈延年担当处理《进化》的善后工作，并帮助照料郑佩刚的家人。

陈延年虽信仰无政府主义，但其思想倾向是进步的。五四运动后，国内许多从事新文化运动者，齐集上海。1919年8月，孙中山领导的中华革命党在上海主办的理论刊物《建设》月刊问世。胡汉民为总编辑，朱执信、廖仲恺、汪精卫、戴季陶等编辑及撰稿。李章达、陈延年、陈乔年都曾在该报社工作。

赴法勤工俭学

五四运动前后，有志青年为寻求救国真理到海外勤工俭学的运动走向高潮。陈毅、王若飞、聂荣臻、蔡和森、向警予、陈延年、陈乔年、赵世炎、刘伯坚、邓小平、周恩来等先后从上海出发启程赴法。有许多勤工俭学青年在劳动实践中，经过反复比较推求，最终选择马克思主义。

留法勤工俭学运动的倡导者和组织者大多是清末民初的留法

学生，最为著名的有李石曾、吴稚晖、张静江、蔡元培和吴玉章等人。留法勤工俭学运动始于1912年。1912年李石曾等在北京发起组织留法俭学会，两个月后该会创办的留法预备学校在京成立。1915年6月在法国巴黎的中国豆腐公司组织勤工俭学会，以"勤于工作，俭以求学，以进劳动者之智识"为宗旨。该会立足于旅法华工，宣传、组织工作的对象主要也是旅法华工。

1916年3月，蔡元培、吴玉章、李石曾等和法国的欧乐、穆岱等发起组织华法教育会，蔡元培、欧乐为会长，并在巴黎组织华工学校。6月22日，该会在巴黎正式成立。其宗旨为"发展中法两国之交谊，尤重以法国科学与精神之教育，图中国道德、智识、经济之发展"。华法教育会一项主要任务是鼓励、扩大留法学生与旅法华工的人数，实际上成为负责大批青年留法勤工俭学事宜的总机关。1917年4月，留法俭学会恢复活动。5月，北京华法教育会成立。其后，华法教育会在十个省、市建立分会，各地还成立了不少留法预备学校。这些机构的产生和活动，为留法勤工俭学运动的兴起创造了条件。

陈延年、陈乔年为了丰富学识、寻求革命真理，决定赴法。据吴稚晖写给上海华法教育会工作人员沈仲俊的信，陈延年赴法"系以党人资格漫游世界，本可不与勤工俭学会相涉，即无论漂流海外亦与华法教育会无关"。但兄弟俩无力筹集旅费，只好

华法教育会会长蔡元培

华法教育会会长欧乐

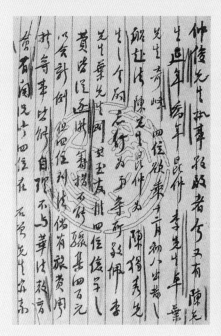

吴稚晖写给沈仲俊的信

上海华法教育会干事沈仲俊

陈延年画传

托吴稚晖帮忙解决。由于共同信仰无政府主义的原因，吴稚晖对陈氏兄弟颇为器重。为此，1919 年 11 月 23 日，吴稚晖致信沈仲俊，请他协助解决陈延年、陈乔年等 4 人赴法的旅费。吴稚晖赞扬陈延年兄弟说："陈先生昆仲为陈独秀先生之令嗣，志行为弟等所敬佩……惟四位俭学之费皆从逐渐筹措，不能骤集四百元以合新例。""况此四位在石曾先生亦素佩其人"，希望仲俊"大力设法为之招待，俾得早日成行"。与此同时，他又致函法国同人，请他们给陈延年等人"以友谊的招待"。陈延年、陈乔年兄弟的赴法费用最终由陈独秀、廖仲恺等供给。

1919 年 12 月 25 日，陈延年、陈乔年离沪的日子到了。这批留法勤工俭学生共有 92 人，从上海登船的 30 余人。蔡和森、向警予、蔡畅、熊雄、葛健豪、林风眠等与陈延年兄弟同属这批。十来天前，毛泽东专程从武汉绕道上海为蔡和森、向警予、蔡畅等送行。由于蔡和森等启程时间推迟，毛泽东不能久待，即离上海到北京。

陈延年搭乘的轮船是法国邮船公司的"盎特莱蓬"号（Andre Lepon），船停泊在杨树浦黄浦码头。25 日前来码头送行的有聂云台、沈仲俊、刘清扬、吴敏於等数十人。汪孟邹和亚东图书馆的编辑也来码头送别陈氏兄弟。除了 6 位湖南女生乘坐三等舱外，其余勤工俭学生均乘四等舱。一等舱票价 800 元，二等

▲首途　昨日（二十五日）法國郵船公司（央

脱來蓮）船於下午一時在楊樹浦黃浦碼頭啟椗乘
斯船出發之留法勤工儉學生有三十餘人均乘四等
艙位（艙在船頭下層）內有湖南女生蔡葛健豪蔡暢
向警予李志新熊季光蕭淑良六人係乘三等艙位赴
埠送行者有蔚雲台君及留法儉學會沈仲俊君全國
各界聯合會劉淸揚女士寰球中國學生會吳敏於君
等數十八云

《时报》报道此批留法
勤工俭学生离沪的新闻

黄浦码头旧址周边一带

陈延年画传

舱 500 元，三等舱 300 元，四等舱仅需 100 元。四等舱是为了照顾贫穷的勤工俭学生而临时设的，原本是货舱，半明半暗的船底里到处堆放着货物，没有什么设备，学生们就睡在重叠的双层床铺上。

"盎特莱蓬"号途经香港、西贡、新加坡，穿过马六甲海峡，路过科伦坡，渡过印度洋，到达红海，又通过苏伊士运河，经过埃及的塞得港后进入地中海，在经过了一个多月的航海生活之后，于 1920 年 1 月 28 日抵达法国马赛。几个月之后的 9 月 11 日，邓小平等人也是搭乘"盎特莱蓬"号离沪赴法的。与邓小平同行的江克明（别名江泽民）对这次远航作了生动的回忆：

　　邮船到了各地大海港，都要停上两三天，装卸货物。有钱人上岸去进餐厅、买东西，我们穷学生就上岸去观光游览，饱阅市容，看博物馆，参观名胜古迹。许多城市尽管是高楼大厦，许多人是西服革履，但也有不少人是破衣烂衫，沿街乞讨；在有的港口，我曾看到一些穷苦的儿童在船舶周围，向乘客们哀告乞怜。有的客人就将硬币抛入海水中，那些穷孩子们就潜入海水里去把硬币摸上来，客人们以此取乐，孩子们则以此谋生。当时看了，真使人心

"盎特莱蓬"号轮船

酸。这使我深深感到，世界上的人们同住在一个天空之下，却过着两种截然悬殊的生活，到处都是这样的不平。当然，我当时并不了解这是资本主义、殖民主义制度所造成的。

留学欧洲

CHEN YANNIAN

信仰马克思主义

陈延年等 1920 年 2 月 3 日抵达法国首都巴黎。兄弟二人住进凯旋门附近哥伯凡街 32 号一间出租房内，每月租金 120 法郎。为节省开支，兄弟俩利用屋内现成的瓦斯炉自己做饭吃。

陈延年到巴黎后进入巴黎大学附设的巴黎法文协会（Alliance-Francaise）学习，教员均系这所大学教授兼任。每天上课 4 小时，课程有文学、历史、地理、法国文明史等，学期长短视学生程度而定，学费每季 250 法郎。陈延年原本打算接受法国大学完整的系统教育，即在巴黎法文协会打下基础，然后在 10 月间或者第二年投考巴黎大学，先就读于学校所设的 ACN 班，然后再具体选择科目。

刚刚到巴黎的陈延年，很快感受到部分勤工俭学生中流露出来的浮躁学风，他对这些人非常反感。在给友人丁肇青的信中，他批评这些人："大都无头脑，华法教育会中人，即号称'同志'者（指的是无政府主义党人），也是如此。"这类人，谈科学只是说些工业、农业的门面语，并不懂得科学自身的真价值及其特殊的方法；写文章给华工看，竟有人抄《新生活》的老文章。他认为这些人掌握的知识，恐怕并不比李石曾多，头脑还不如李石曾明白。一些勤工俭学生盲目崇拜新文化运动的代表人物胡适和陈

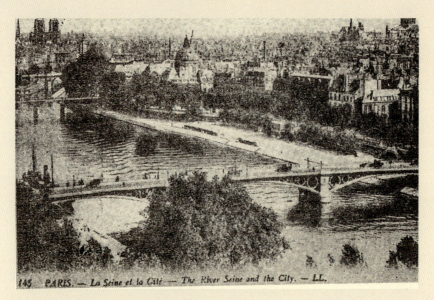

留法勤工俭学生寄回国的明信片

●陳延年君由巴黎致本校同學丁肇青君函

陳延年致丁肇青的信

独秀等人，他指出"学生中尚有如此妄人，不说'是胡某思想好，我与他通过信'，就说是'陈某真不错，我的朋友与他相好，我也曾见过他'。"丁肇青认为这封书信可以帮助准备赴法的学生了解法国勤工俭学的实情，就把这封书信刊登在《北京大学日刊》，并写了《附识》，高度评价陈延年："他是个诚实的人，只知道真理，不知道什么叫'崇拜'，什么叫'偶像'，所以他的话都是很直率的，都是由他精密的观察，由良心上发出来的，望大家不要误会他久已存有反对某人或某派的心思。"

陈延年到巴黎后，仍与国内外的无政府主义者保持联系。他曾致信黄凌霜，要黄凌霜筹集四五百元交给亚东图书馆老板汪孟邹，以此作为出版"近代语研究丛书"的启动费用。

1920年8月上旬，中国共产党发起组成员陈公培到达法国时，华法教育会派陈延年到码头迎接这批勤工俭学生。陈公培向他出示陈独秀的介绍信，陈延年很不以为然。他不认同陈独秀在国内筹备组织共产党，不满地说："独秀那个人，你别理他！"陈氏兄弟向陈公培讲述了1920年五一劳动节巴黎大罢工的经过：巴黎的工人总同盟罢工不过15分钟，在这短短的时间里，交通完全断绝，电灯、煤气、电话也一概都没有，政府调动军队如临大敌；工人罢工，政府竟下令调国立学校学生补充。在圣沙蒙一带，政府打死一些工人，工人罢工长达近两星期。显然，巴黎五一大罢工给陈氏兄弟留下了深刻印象，他们近距离感受到了工人阶级的伟力。

巴黎的生活颇为昂贵，每月至少要 500 法郎，乡间则花销相对较低。作为自费的勤工俭学生，为节约开支，兄弟二人在巴黎学习一段时间后，就转到了法国的圣梅桑（今为德赛夫勒省圣迈克桑莱科勒）的一所中学学习法语。学校名称应是当费尔-罗什罗初级中学（College Denfert-Rochereau）。这一时间当在 1920 年 8 月之前。与他们同在这里就读的还有湖南籍的熊光楚、福建籍的赖俊以及唐祖康等。1921 年初，兄弟二人仍在圣梅桑求学。

陈延年在法国的最初一段时间，仍是无政府主义的坚定信仰者。1921 年春在组织勤工俭学期成会与华工事务上，赵世炎与他们有过对立。赵世炎在给友人的信中说："李卓、李合林、陈延年弟兄（合起来说就是华林无政府派）等大发宣言，各派都加攻击，尽说刁钻话，说的都似是而非，很足以动人。"陈公培也提到，"无政府党和马克司派都在各处萌芽丛生，大约不久都可有鲜明的组织出现"。陈氏兄弟在留法勤工俭学生中已形成一个颇有影响的派别。

实际斗争的严峻考验促使陈延年重新认识无政府主义。1921 年，留法勤工俭学生发动了三次重大的斗争，即二月底的"二·二八"运动、六月的拒款斗争和九月进驻里昂中法大学的运

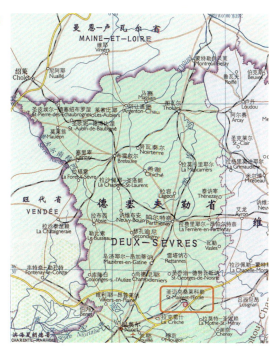

圣迈克桑莱科勒
位置图

动。尤其是进驻里昂中法大学运动的失败，使得陈延年、陈乔年看清了控制华法教育会的无政府主义者吴稚晖、李石曾等人的真面目。吴、李等人堕落到与法国政府勾结对勤工俭学生进行迫害，甚至将蔡和森、李立三、陈毅、陈公培等104人强行驱逐回国。这对于崇拜过吴稚晖、李石曾等人的陈延年来说，是一个极为深刻的教育，他更清楚地认识到无政府主义的欺骗性和反动性。

1921年秋，旅法无政府主义者发起组织工余社，并于次年

中法大学旧址

1月创办《工余》杂志。工余社的主要发起人有华林、陈延年、陈乔年、李卓4人，重要成员还有李合林（鹤龄）、罗喜闻（鲁汉）、毕修勺（碧波）等人。工余社组织比较松散，主要活动是每星期在李卓寓所聚会一次。《工余》编辑部设在巴黎西郊哥仑布工余社社员的住处，每月出刊一期，是一种32开本的油印刊物，最初由陈延年负责编辑。陈参加共产党后，由李卓主编。《工余》是勤工俭学生自办的第一份刊物，一度影响很大，很受欢迎。据法国外交部档案馆所藏档案，仅在蒙达尼附近一家工厂，"大部分中国工人收到"过该杂志 。陈延年主编《工余》期间，杂志的政治倾向并不明显，杂志"似乎未曾明显提出无政府主义，也未曾反对马克思主义"。

1922年3月以后，陈延年兄弟思想上发生很大变化。当月20日发生了李合林枪击北洋政府驻法公使陈箓未遂、自请入狱的事件。李合林是陈延年的朋友，也是工余社的成员。21日，李合林到巴黎警察局投案，述说他谋刺陈箓的原因："因为公使对于本国人失去了他应有的态度与责任——赶逐里昂百余学生归国，所以我决意杀他。"李合林抛弃无政府主义的主张，采取激烈的武力行动，这对陈延年、陈乔年产生了重大影响。陈延年编辑的《工余》杂志，也发表主张进行暴力行动的文章。在事关勤工俭学及对陈箓的认识上，陈延年与赵世炎、蔡和森的意见渐趋一致。

随着对法国社会的深入了解，陈延年认识到资本主义制度的腐朽与反动，也认识到无政府主义不能解决法国的社会问题。另一方面，他开始阅读马克思主义著作和研究俄国十月革命。他阅读了《新青年》、新青年社丛书、人民出版社丛书，以及法语书刊《共产党宣言》、法国共产党机关报《人道》日报、《国际通信》、《共产党周刊》等。在经过一番探索比较后，他认识到马克思主义才是真正的科学。

旅欧的中国共产主义者十分关注陈延年、陈乔年等人的进步。赵世炎看到陈氏兄弟的根本变化后，希望与陈氏兄弟交好的

赵世炎

陈公培能与两人联系。1922年4月26日赵世炎致信陈公培,他说:"李合林事后,安那其朋友奋然而起。但以我观察,有一部分之安那其倾向颇变。其最着者为大陈——延年——趋向极为可爱,近日他们所出的工余杂志,竟高呼暗杀……革命……气魄可钦。惜我与二陈均无接洽,你可否速来一信,与之问讯,且探其动静。"过了五天,赵世炎再次给陈公培写信,强调"法国旧时安那其如二陈等近时倾向大变,望你们有私人关系者,速来信接洽(即以青年团为题)。"在赵世炎等人的帮助下,陈延年、陈乔年参加了筹建旅欧共产主义组织的活动。

组织旅欧中国少年共产党

　　1920年6月，陈独秀在其位于上海法租界环龙路老渔阳里2号（今南昌路100弄2号）的寓所，同李汉俊、俞秀松、施存统、陈公培开会商议，决定成立共产党组织，初名社会共产党，陈独秀被推为书记。不久更名为共产党。因其在党的创建中发挥的组织发起作用，史称中国共产党发起组。中共发起组成立后，积极指导与帮助各地组建共产党早期组织。

中国共产党发起组成立地（《新青年》编辑部）旧址

索邦公寓今貌

　　同年 11 月，北京共产党早期组织成员张申府受聘到法国里昂中法大学任教，陈独秀委托他在欧洲筹建共产党组织。张申府到法国后先后介绍刘清扬和周恩来入党。不久，先期来到法国的赵世炎、陈公培经陈独秀联系，与张申府接上关系。1921 年春，张申府、周恩来、刘清扬、赵世炎、陈公培在张申府租住的巴黎索邦公寓三楼的一个房间里成立了旅法中共早期组织，张申府为负责人。

　　不过，张申府领导不力，党组织活动范围狭小，而勤工俭学生和旅欧华工又非常分散。于是，周恩来、赵世炎主张党组织扩大活动范围，尽快成立先进青年的团体、以团结广大群众。旅欧的勤工俭学生总结斗争的经验教训，迫切要求建立一个严密的战斗性的共产主义组织。

1922 年 4 月下旬，旅居德国的张申府、周恩来、肖子暲、刘清扬、张伯简、谢寿康、熊雄等 7 人联名致信赵世炎，提出 5 月 1 日建立青年共产主义团体。赵世炎为此从北方赶回巴黎，奔走于蒙达尼、里昂等地之间，以统一各团体的意见。由于李维汉、薛世纶等组织的工学世界社想要召集会议要求全体成员一起加入。但赵世炎认为应当"在初步严格取人之意，要求他们取个人行动"。由于这个问题需要与各团体协商，所以推迟了青年团的成立。也就在这一时期，赵世炎满腔热忱地争取陈延年、陈乔年兄弟参加即将成立的团组织，并得到了他们的支持。

在赵世炎等人在欧洲积极推动成立团组织时，他们与国内党团组织保持着一定的联系。1922 年 5 月 5 日，中国社会主义青年团第一次全国代表大会在广州东园隆重开幕，宣告中国社会主义青年团正式成立，成为中国青年运动发展史上的一个里程碑。团一大后，团中央迁回上海，机关设在原大沽路 356、357 号。6 月 8 日，公共租界工部局警务处搜查了团中央机关，发现有宣传社会主义和共产主义的图书室，查封了机关。而后租界会审公廨对搜获的书刊发布充公命令。被没收书籍有中文图书 147 本、日文

位于上海大沽路
的中国社会主义
青年团中央机关
遗址旧貌

图书 144 本、英文图书 85 本、法文图书 12 本，大部分属共产主义或社会主义类。7 月 19 日，法国驻上海总领事 M.A. 威尔登在给法国国务总理、外交部长的信中，转呈了上海公共租界工部局在"一名中国籍布尔什维克分子日记中发现的"一份名单，上面写着赵世炎、李富春、陈延年等人的名字以及他们在法国住址。陈延年的通信地址是巴黎第 5 区，帕利叶街 5 号。

　　1922 年 6 月 3 日，旅欧的共产主义者在巴黎西郊布洛宜森林（Buis de Bonluyne）的一块空地上举行代表大会，出席会议的有：陈延年、赵世炎、尹宽、郑超麟、袁庆云、王若飞、李维汉、王凌汉、任卓宣、周恩来、佘立亚、刘伯坚、萧子暲、萧朴生、陈乔年、傅钟等，汪泽楷、熊锐也可能出席。这十几名会议出席者代表着旅欧少共成员"约三四十人"，其中，"大约法国二十人，比国（指比利时）七八人，德国六七人"。他们围成一个圆圈，坐的椅子是从当地卖茶水的一个法国老太太那里租来的。赵世炎主持会议。会议共三天，决定成立旅欧中国少年共产党，讨论了党纲、党章。大会选出中央执行委员会，赵世炎任书记，周恩来负责宣传，李维汉负责组织。会议决定出版机关刊物《少年》。

少年共产党的领导机构设在巴黎 13 区意大利广场附近的戈德弗卢瓦街（Rue Godefroy）17 号，这是赵世炎从北方迁来巴黎后租住的一个小旅馆。陈延年兄弟住楼下房间，赵世炎住在二楼的一个房间，周恩来、王若飞、张伯简、尹宽也曾住过这里。周恩来经常往返于柏林和巴黎之间，李维汉在会议结束后不久便回国内，因而专职作少年共产党领导工作的主要是赵世炎和陈延年。赵世炎、陈延年是专职从事组织工作的。10 月，旅欧中国少年共产党在巴黎开会，会议选举赵世炎、王若飞、周恩来、尹宽、陈延年组成中央执行委员会，赵世炎仍任执行委员会书记。陈延年兄弟为建立旅欧党团组织做出了很大贡献，又因为他们是陈独秀的儿子，在留法勤工俭学生中具有较高声望，大家称他们

259 PARIS. — Le Lac du Bois de Boulogne. — XX.

巴黎西郊布洛宜森林

少年共产党办公处旧址

"陈氏两英豪"。

少年共产党的机关刊物《少年》于 1922 年 8 月 1 日在巴黎创刊，编辑所就设在少共的机关里。周恩来、赵世炎经常为杂志撰稿。陈延年等负责编辑，他亲自刻写蜡纸，搞油印。陈乔年白天到意大利广场附近的一个生产有机玻璃的工厂做工，晚上回来就帮着油印和装订，萧三（子暲）做工回来后也来帮助做一些杂务。《少年》月刊，红色封面，16 开本，每期 30 余页。《少年》曾停刊过两个月，1923 年 3 月 1 日复刊出版第 7 号。《少年》具有鲜明的党刊特点，它的主要内容是，宣传共产主义，论证中国走共产主义道路的必要性和必然性，捍卫无产阶级专政的理论，和勤工俭学生中的无政府主义者作斗争。此外，还登载共产国际的文件，报道世界工运、青运和中国青年运动的消息。《少年》内容丰富，在勤工俭学生和华工中产生巨大影响。

陈延年的转变，在无政府主义者中产生了很大影响，甚至影响到南洋群岛和美洲的无政府主义者。当陈延年转向马克思主义，参加少年共产党，脱离无政府主义组织后，动摇了无政府主义组织。因此，他遭到无政府主义者的谩骂。中国无政府党南洋支部收到巴黎总部一个通告，说陈延年做了"叛徒"，投降共产党了。陈延年思想改变后，给黄凌霜写过信。两人此前有着共同

《少年》杂志第 2 期

的无政府主义信仰，"相处甚久，情同兄弟"。陈延年在信中说：过去自己"对于无政府主义之信仰"，是"建在浮沙之上"的。陈延年在给另一位友人的信中说"做革命事业，在乎……力求理解社会生活的实际关系……，马克斯很有先见之明，一生精力，全用在这个研究之上。"这些主张为黄凌霜所拒绝，但对其他无政府主义者是一种震动。

少年共产党成立不久，中国籍的党团员经常自动参加法国共产党发起组织的各种游行示威活动，得以结识越南共产党领袖阮爱国（后改名为胡志明）。根据胡志明的提议，少年共产党推举 5

个人加入了法共。1922 年 9 月，赵世炎、陈延年、陈乔年、王若飞和萧子暲，由胡志明作介绍人，加入法共巴黎 13 区意大利广场支部。由于党团员对马克思列宁主义的真谛以及俄国、共产国际的实际状况了解不深，他们发起了学习运动，邀请法共理论家沙里·拉波波（Chanles Roppoport）演讲。不久，中共中央派廖焕星带信赴法，正式承认法共的中国同志为中国共产党党员。

1922 年 10 月，旅欧中国少年共产党在巴黎开会期间举行总投票，决定加入国内的中国社会主义青年团，议定组织的名称为"旅欧中国共产主义青年团"。11 月 20 日，旅欧中国少年共产党写信给团中央，表示"我们愿附属于国内青年团为其旅欧支部"。此信由李维汉携带回国，并委派李维汉为旅欧少共的代表，与团中央正式接洽。不久，旅欧少共又向出席共产国际和少年共产国际大会的中国代表团去函，再次申明愿意附属于国内团组织。后得代表团复信，建议将"旅欧少年共产党"改名为"中国共产主义青年团旅欧支部"，原"中央执行委员会"更名为"执行委员会"。

1923 年 1 月 29 日，团中央正式批准旅欧中国少年共产党改名为中国共产主义青年团旅欧支部。2 月 17 日至 20 日，旅欧中国少年共产党在巴黎西郊比扬古镇（Billancourt）警察分局的一个会议厅举行临时代表大会，到会代表 42 人，代表全体团员 72

临时代表大会代表合影，前排左2为赵世炎，左6为陈乔年，左8为陈延年，左11为王若飞，后排右起第6人为周恩来

人。大会由赵世炎主持，决定旅欧支部的名称为"旅欧中国共产主义青年团"，隶属于中国社会主义青年团中央执行委员会。这时赵世炎、陈延年等人即将赴俄学习，大会改选了执行委员会，选举周恩来、任卓宣、尹宽、汪泽楷、萧朴生五人为委员，以刘伯坚、王凌汉、袁子贞为候补委员。大会结束后，执行委员会立即组成，推选周恩来为书记。

人称"小列宁"

1922年11月，陈独秀在莫斯科出席共产国际第四次代表大会期间，考虑到中国革命高潮即将到来，急需培训骨干，兼之留法勤工俭学生学习生活遇到困难，决定在旅欧的同志中抽调一部

陈延年画传

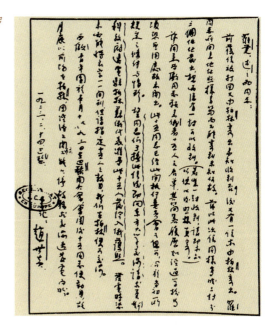

赵世炎自巴黎写给罗
亦农、彭述之的信

分到莫斯科东方劳动者共产主义大学（简称东方大学）学习。陈
独秀致信赵世炎，告诉他们这一决定。旅法的同志收到陈独秀的
信后，决定派赵世炎、陈延年、王若飞、陈乔年等15人第一批
赴俄。为此，赵世炎1923年2月14日写信给在莫斯科的中共旅
莫支部负责人罗亦农、彭述之："兹开来西欧同志愿来俄者十五
人之名单……此十五同志已经此间执行委员会之认可，合于当初
所规定之条件与情形。望同志们于接此信后即向东方大学交涉，
请求莫斯科政府速电驻柏林苏俄代表，准予此十五人发给入俄护

照。"这批赴俄的同志实际成行 12 人，即赵世炎、王若飞、陈延年、陈乔年、佘立亚、高风、陈九鼎、王凌汉、郑超麟、袁庆云、王圭、熊雄。

1923 年 3 月 18 日，陈延年与赵世炎、王若飞、陈乔年等 9 人，在周恩来的陪同下启程，搭乘火车离开巴黎北站。王圭、熊雄当时在德国，袁庆云已先行出发。他们一行途经比利时境内的沙鲁瓦城，受到在那里的劳动大学同志们的欢迎。到了柏林，他们同袁庆云、王圭、熊雄见了面，在柏林办理了苏联入境手续。在柏林停留了 10 来天后，他们 12 人一起乘火车去莫斯科。

4 月初，他们到达莫斯科，在火车站受到任弼时、王一飞等人的迎接。赵世炎、陈延年等人随后入住莫斯科普希金广场附近的特维尔斯卡雅街 53 号东方大学宿舍。这些旅莫学生的生活条件大为改善，吃饭、穿衣、住房全由学校负责，学生们还能有些零用钱。到后几日，陈延年同郑超麟说，他一生从未有过这样好的生活。苏联实行新经济政策不久，食品和衣服较为缺乏，苏联政府为照顾东方大学学生，每人发一套制服、一件棉大衣和皮鞋。陈延年过惯了艰苦朴素生活，经常穿列宁式工人服装和戴便帽，脚穿黑皮鞋，为了节省，天气暖和时便不穿袜子。

4 月 28 日，中共旅莫支部举行欢迎陈延年、赵世炎等大会，支部书记罗亦农主持会议并致欢迎词。他将陈延年、赵世炎等介

东方大学

1923 年 4 月任弼时（左 1）、罗亦农（左 2）、张国焘（左 4）、刘仁静（左 5）等留影

绍给旅莫支部的全体同志认识，说"新从法国来俄的同志中有六位党员，除赵世炎同志是老党员外，王若飞、陈延年、陈乔年是法共党员，熊雄、王圭是德共党员，照章程凡属共产国际支部的均可为正式党员"。旅莫支部再次确认了陈延年等为中共党员的身份。旅莫支部的同志介绍了东方大学和莫斯科的情况，赵世炎、陈延年等也畅谈了赴莫斯科学习的感想。

东方大学是在列宁指导下于1921年4月创办的，主要是为了教育旧俄帝国境内高加索、西伯利亚一带诸落后民族的劳动者之用。中国、日本、朝鲜、蒙古等境外学生占少数。学习的课程有经济学、唯物史观、阶级斗争史、工人运动史、俄国共产党史、自然科学、俄文等。陈延年对这些课程怀有浓厚兴趣，系统学习了马克思主义理论。他平时沉默寡言，但在讨论和研究理论问题时，总是热烈发言，阐明自己见解。他常常为弄清一个重要的理论问题而同别人争得面红耳赤，与平时判若两人。同学们问他为什么如此认真，他回答说，列宁在争论原则问题时如同猛狮，我们也要学习列宁，在原则问题上不能马虎。同学们都佩服他的精神，便戏称他为"小列宁"。

陈延年抵莫不久，就参加了支部的领导工作，为支部干事，负责组织工作。他待人诚恳，发现同学有好的表现就当众表扬，有错误或不正当的言行则当面批评。他善于运用批评与自我批评，要求支部成员"注意学习别人的长处，克服自己的缺点，大家团结友爱，互帮互学，把自己锻炼成一个坚强的革命战士"。他严于律己，勇于自我批评。在法国时，陈延年反对张申府"控制"旅欧少共中央执行委员会，在团的代表大会上坚持要求开除张的团籍。张申府则认为，旅欧少共要受中共旅欧支部领导，而他是旅欧支部书记。陈延年到莫斯科后，旅莫支部做出决议，明确指出开除张的团籍是不对的。陈延年认识到自己的错误后，公开做了自我批评。

在中共旅莫支部里，陈延年对待组织交给的每一项工作，都很认真细致地完成。他善于走群众路线，经常深入各小组了解各人的学习情况和要求，并随时反映给支部委员会研究解决。他一发现新涌现的积极分子，就及时做好培养工作，从而介绍了不少同志加入中国共产党。中共旅莫支部研究了中国革命形势，决定选派一些人到苏联的军事院校，进行短期的军事政治训练，以培养军事指挥人才。东方大学中许多中国同志都渴望去学习军事，陈延年服从组织需要，仍留在东方大学，并做好其他同学的工作。

1924年夏，因国内革命形势渐趋高涨，党急需大批干部开展工作。党中央决定分批抽调旅俄旅法同志回国。七八月间，陈延年、郑超麟、薛世纶、傅大庆等人奉令回国，陈延年是旅行团团长。他们从莫斯科动身，乘车直达赤塔，由赤塔换车至海参崴，路上费了20日左右。到海参崴后，在这里耽搁了一个多月，才等到去上海的航船。9月29日，陈延年到达阔别5年的上海，暂寓民国路泰安栈。几天后，他即奉命前往大革命的中心——广州工作。

CHEN YANNIAN

周恩来

　　1924 年 10 月上旬，陈延年抵达广州，担任中共广东区委秘书、组织部长，同时负责宣传委员会工作，一度兼任社会主义青年团中央驻粤特派员。当时担任中共广东区委委员长的是周恩来同志。1925 年春，周恩来参与领导黄埔学校学生东征。中共四大后广东区委委员长改为书记，由陈延年接替周恩来担任广东区委书记，直到 1927 年 3 月他离开广东。周恩来、陈延年最初同住在东山恤孤院路一幢小洋房楼上。陈延年初来广东，便肩负重要任务，工作繁忙，"一天跑到晚，食宿无定所"。

和群众打成一片的"老陈"

1924 年的广东，国共合作深入推进，工农群众运动逐步发展起来，反帝反封建斗争浪潮不断高涨。这些情景给陈延年以莫大的鼓舞。但他初到广东时，不懂粤语，接近群众有不少困难。为了克服语言障碍，他努力深入到工人中去，学粤语，亲自做手车夫，了解他们的工作和生活。

陈延年了解到广州手车工人多，受压迫深重，又是城市交通的主要力量，就和沈青（沈厚塾）、周文雍等人到万福路、大南路和东堤等一些手车工人聚居的地方和工人一起拉车，一边劳动，一边谈心，体悟工人疾苦，关心群众。他虚心向工人请教，很快掌握了拉车要领。有时，手车工人生病或有事不能出车，延年就主动帮忙。他身体魁梧结实，浓眉、粗脸、阔口，穿着工人的衣服，头戴列宁式便帽，步履刚劲，谁也看不出他是个留过学的知识分子。他把拉车挣回的工钱全部交给工人，工人对他非常感激。陈延年经常不在家吃饭，总是喜欢去东堤一带的二厘馆（因茶价收费二厘而得名，广州价钱最便宜的饭馆）同劳苦工人一起吃饭，顺便了解群众劳动、生活情况。开始，他语言不通，就请沈青或周文雍当翻译，很快他也学会了几句惯用的粤语，和工人谈起来分外亲切。工友们亲切地称他为"老陈"，很乐意和他交谈，有什么问题都肯告诉他。他就在和工人交朋友过程中，向工人宣讲革命道埋，启发工人觉悟。他还教工友们用集体力量来应付黑社会人物的敲诈勒索和警察的欺负，学会团结斗争的本领。

广州手车工人在陈延年、沈青、周文雍等人的发动下，觉悟迅速提高，很快组织起来。1925年夏，广州市手车夫工会成立，沈青任该工会党支部书记兼秘书长。工会成立不久，会员便增加到一万多人。手车夫工会参加了广州工人代表会，成为广州工人反帝反封建斗争的一面旗帜，在后来的省港罢工和广州起义中发挥了骨干作用。

国民党右派吴稚晖听说陈延年与手车夫一同拉车，就说他是黄包车夫，企图贬低他的身份。这也说明国民党右派对他是多么害怕和仇视！当时香港《工商日报》为了诋毁共产党，曾刊发一条新闻，讥笑共产党的干部去当手车夫。陈延年看后，微笑着对同志们说："如果工作上需要，不管任何同志，去当手车伕都是光荣的。"但是，广大人民群众非常尊敬佩服陈延年，特别是他们知道他是一个留学生，能这样与群众打成一片，竟不敢相信。工人们说：陈延年根本不像出过洋、留过学的洋学生，倒像一个地道的苦力！

支持镇压商团叛乱

广州商团创建于辛亥时期，原为商人自卫团体，后来被外国人插手，成为帝国主义支持之下与广州革命政府相对立的反动武装。商团拥有一支装备精良的团军，有大量武器，有整个广州商界为后盾，与各地商人团体关系密切。到 1924 年 8 月前，商团有常备军 4000 人，后备军 4000 人，每人有长短枪各一支。附城商团与城中商团全副武装者，共有 27000 人。此外，还可以得到各地商团、民团总计可达十七八万人的支持。

1924 年 8 月，商团事变爆发。商团头目、英国汇丰银行买办陈廉伯在广东全省商乡团联防会议之后，私自向香港南利洋行德国商人山打士订购各式长短枪 9000 余杆，子弹 300 多万发，分装 1129 箱，雇丹麦商轮"哈佛"号，悬挂挪威国旗，由比利时的丹华港出口潜运广州。孙中山获悉后，下令查办。10 日，长洲要塞司令蒋介石将枪械扣押，全数提存于黄埔军校。扣械事件是政府对商团的一次主动出击。商团不愿轻易就范，反以示威、请愿、罢市相要挟。

10 月初，商团以大元帅府大本营没有全部发还扣械为借口，发布罢市通牒，扬言再次发动大罢市。广东省长胡汉民于 10 日早上发还所存之扣械，商团却继续煽动罢市。

广州商团的操练场

运载枪械的轮船"哈佛"号

10月10日，在中共两广区委的号召下，广东民族解放协会、反帝运动大联盟、广州工人代表会、广州学生联合会、广东工团军、农民自卫军、广东油业总工会、国民党联义社等30多个团体，在广州市第一公园（今人民公园）举行双十节纪念大会和"警告帝国主义支持和培植反革命势力，干涉中国内政大会"。谭平山担任大会主席，广州学联代表陈志文、工人代表冯菊坡、民族解放协会代表周恩来、新学生社代表杨石魂、农民运动讲习所代表罗绮园、社会主义青年团代表高君宇等相继发表演说。周恩来说："我们不要以为反革命的势力极大，反革命派的气焰日张。我们只要下我们团结的决心，我们有工人可以武装，有农民可以自卫，有士兵可以作先驱，有商人可以作后盾，我们的实力便在此处。"他号召工、农、兵、学、商团结起来，"打倒帝国主义！打倒南北军阀！打倒一切反革命派！"会后举行示威游行。当游行队伍行经太平路（今人民路）时，突遭商团开枪射击，群众当场被打死20余人，伤数十人，造成了"双十惨案"。事后，商团还在广州西关一带张贴"打倒孙政府""请孙中山下野"等反动标语，并用武力胁迫商人罢市。

"双十惨案"发生后，周恩来和陈延年听取了参加领导游行各负责人的汇报，认为情势非常严重，他们随即拜访了苏联驻国民党顾问鲍罗廷，商讨对策。当晚召开了广东区委及各主要干部

广州市第一公园（今人民公园）旧貌

鲍罗廷

会议，决定立即要求广州革命政府严惩商团祸首，解除商团武装。同时布置一系列组织工、农、教、学各界群众团体举行请愿活动，提出具体要求，多方策动广州革命政府采取坚决的行动，并广泛展开宣传。

当时，孙中山和廖仲恺正率军驻在韶关，准备进行北伐。他们对商团的反革命行为也很气愤。孙中山得到了中国共产党以及工农群众的积极支持，态度更加明确，决心采取断然措施。孙中山表示："商团竟敢开枪屠杀庆祝革命纪念之学生与工人，残忍无法，举世所无。此可忍熟不可忍！""商团叛迹显露，万难再事姑息。生死关头，惟有当机立断。"11日，正式组织成立了以孙中山为会长，以许崇智、蒋介石、汪精卫、廖仲恺、陈友仁、谭平山为委员，鲍罗廷为顾问的革命委员会，授权该委员会全力应付非常之变。周恩来、陈延年、谭平山、杨匏安、阮啸仙、刘尔崧等都参加了临时军事指挥部的领导工作，参与制订讨伐商团的作战计划，领导工人、学生、妇女、农民等团体，对镇压商团叛乱起到很大作用。周恩来和陈延年立即通知刘尔崧、施卜领导的工团军以及由阮啸仙、彭湃、徐成章领导的农民自卫军迅速作好准备，随时配合革命军作战；区委和社会主义青年团广东区委还发动广大工农群众，做好支援革命军的各项准备工作。

10月13日，孙中山命令参加北伐的全部警卫军及部分湘军、

孙中山

粤军，星夜兼程，由韶关返穗。14 日下令解散商团。当晚，黄埔军校学生军亦奉命出击，与北伐军兵分五路包围商团军，向他们发起了总攻击。与此同时，周恩来、陈延年、阮啸仙、刘尔崧等亦迅速指挥广州工团军和农民自卫军配合革命军向商团发起攻击。15 日，经过几个小时战斗，全歼反动的商团军，商团头子陈廉伯等逃进沙面租界。

10 月 15 日，中共广州地方执行委员会和社会主义青年团广东区委在周恩来、陈延年的主持下，联合发表《为双十节屠杀事告广州市民》的文告，揭露商团的反革命罪行，号召广大工农群众、革命军人和各阶层人民，都来支持革命政府，向商团发动更猛烈的进攻，肃清商团的反革命武装，建立工农兵大同盟，实行民主革命。平定商团后，广东革命根据地得到了初步巩固。

改组青年团粤区委

在广东建党建团初期，党、团组织虽然有各自的独立系统，但工作往往是一起做的。这样就出现了一些问题，由于党、团工作划分不清，团的发展受到影响。广东社会主义青年团自1924年3月起基本停止工作，阮啸仙、刘尔崧等团执行委员忙于工人、农民运动，无暇顾及团务。团体的组织与教育十分涣散。同时，在广州设立团的区委和地委两级委员会，工作上经常顾此失彼，影响团务发展。为此，1924年10月7日，团中央特别训令团广东区委，要求对这些问题予以解决。

10月25日，陈延年以团中央驻粤特派员身份，主持召开团广东区委执行委员会第26次常会。会议分析了团的发展面临的困境，认为应当取消广州地委，由区委兼地委。鉴于团执行委员阮啸仙、彭湃在中共广州地委改选时担任委员，团执行委员会已不健全，主持乏人，团务废弛，因而必须要改组团区委。陈延年也认为："此地能作工之人太少，而现在区委负责之人又忙于C.P.（指共产党）的重要工作，故本身活动无形停顿。"会议当即决定于11月5日召开区代表大会来解决，并重新评估工作方针。

阮啸仙

中夏兄三S.Y.区委巳開會議決在籌廿元，由
C.P.粤区補助廿元作經費，定於十月五日召
集改組大會，解決一切問題。此地能作工之人
太少，而現在区委員責之人又忙於C.P.的重要
工作，故本身話動無形停頓。此次接到中央訓
今仍不能早日实行，真報中夹，也因此故。郭
瘦真因無川資不能回粵。区委雖曾丢过
好几次信，但無錢給他还是不行。工作詳細

中華民國　年　月　日

陈延年给邓中夏
的信

同时，会议认为党的地方组织不应当随意从团的机关调动人员。会议还讨论了农工运动今后归还党组织领导等问题，建议"对各地方及直辖支部同志已担任农工运动工作，而可以加入 C.P. 者，即介绍加入之，使完成农工运动应为 C.P. 主持之原则，其未能即时解决者，由区大会解决之"。会议还要求今后团应切实注意青年工人、农民本身利益等问题。会后，陈延年给团中央常委邓中夏写信，专门报告这次会议的讨论情况。

1924 年 11 月 5 日至 12 日，社会主义青年团广东区委在广州召开代表大会，各地委、各支部均有代表参加。会议决定由团广东区委兼广州地委，因工作繁重，团执行委员会由原来的 5 人扩充为 7 人，陈延年当即表示同意。会议选举刘尔崧、杨石魂、沈厚塈、黄居仁、周文雍、郭寿华、赖玉润 7 人为委员，蓝裕业、彭月笙、黄学增、韦启瑞、邹师贞 5 人为候补委员。新的团区委兼地委委员中，只有刘尔崧一人同时在党组织内工作，其余均不兼任党务。刘尔崧之所以兼任党务，"因刘熟悉各地方情形，现无第二人可代替，将来之新区委，为指挥各地方起见，必须要他加入"。此次团执行委员会人员也略有遗憾，"没有一个青工同志加入"，因而团将来要"训练青工同志，征求青工同志"。11 月 13 日，陈延年又召集新选举出来的执行委员和候补执行委员举行第一次会议，讨论委员分工问题，决定由刘尔崧为秘书（书记），

刘尔崧

蓝裕业为助理。

　　团区委改组后，在陈延年的指导下，广东团的工作重新步入正轨。陈延年首先指导他们抓健全组织的工作。区委会12名委员均分配工作，区委会每周开会两次。开会时各部能报告所做工作的经过情形，并加以批评与讨论。然后讨论各支部的报告。之后，继续讨论临时发生的事情，并规定各部的工作。每次开会，至少有8人出席。这就改变了过去组织涣散的现象。自团区委改组会议后，曾与中共广东区委召开过联席会议，解决党团分化的问题，并决定将超龄及从事农工运动的团员，尽量纳入共产党。他们认真做好吸收新团员的工作，从区委改组会议结束到年底的一个半月里，团员人数从 211 人增加至 240 人。

与此同时，新的团区委成立了一些专门委员会推动工作发展。建立了劳工运动委员会，领导广州等地的工人运动；成立了"学生运动委员会"，进行整顿团的外围组织"新学生社"，大力发展新社员，在各校组织学生会活动；同时接办平民义学，举办平民教育工作；还成立了"宣传委员会"，编配平教课程，编辑《新学生半月刊》，审查出版物等。

团区委重视基层支部建设，指导支部开展各项工作。广州各支部开会时，陈延年经常派员实地指导工作，协助解决问题；还通过一些在广州革命政府中从事农运特派员工作的同志，到花县、顺德、东莞以及新会等地，指导该地支部工作，切实地帮助他们进行改组。

经过陈延年及其他同志们的共同努力，广东团组织工作有了较大进展，工作作风有了较大转变，工作局面逐步打开了。

党内不可多得的人才

CHEN YANNIAN

"开疆辟土的拖拉机"

　　陈延年担任中共广东区委书记后，立即着力于建立和健全区委的领导机构，着力于党的组织建设和发展工作。

　　他首先将区委组织机构扩大、健全，将办事机构由万福路一间狭窄的房子搬至文明路75—79号（1926年扩大为75—81号）。陈延年就住在这里，白天他在工作部处理工作、接见同志，夜晚到各

中共广东区委员会旧址

处参加工作会议，或者走访各方面负责同志，交换工作上的意见。

广东区委组织机构日臻健全，设置了区委秘书处、组织部、宣传部、军事运动委员会、职工运动委员会、农民运动委员会、青年运动委员会、学生运动委员会、妇女运动委员会、监察委员会等工作机构，主要负责人有：广东区委书记陈延年，组织部长穆青，宣传部长罗亦农（后张太雷、任卓宣），军事运动委员会书记周恩来（后熊雄），职工运动委员会书记冯菊坡（后刘尔崧、黄平），农民运动委员会书记阮啸仙（后彭湃、罗绮园），青年运动委员会书记黄居仁（后杨善集），妇女运动委员会书记蔡畅（后邓颖超），学生运动委员会书记沈宝同，监察委员会书记林伟民，区委秘书长赖玉润等。为了加强区委集体领导，陈延年担任书记后，即成立了区委主席团（常委会），成员有陈延年、周恩来、张太雷、苏兆征、彭湃、阮啸仙、罗绮园、邓中夏、杨匏安、谭植棠等人，由陈延年负责。1926年7月中央扩大执行委员会会议后，区委撤销了主席团，改设委员会，共15人，每周开会两次，一切工作均归整个委员会管理。

1925年5月8日，鉴于广东远离中央而地位特殊，党的工作非常重要，中共中央决定成立中共中央广州临时委员会（简称"广州临委"），由陈延年、谭平山、周恩来、罗亦农、鲍罗廷5人组成，代表中央就近指导广东地区的一切实际工作。由于广州临委实际上"没有存在多久",广东地区党的工作仍由广东区委负责。

陈延年在加强区委领导机关建设的同时,还大力发展组织,建立和健全下属机构。他十分注意通过实际斗争的考验,发展各条战线的积极分子入党,扩大和巩固党的基层组织。陈延年先后派了很多同志赴香港、广西及福建南部开展革命活动,建立党组织。到1926年年底,广东全省都有了党的组织。黄平回忆说,陈延年委派他到香港筹建党的支部并兼任支部书记。为了方便他在香港开展工作,陈延年还与国民党中央交涉,派他担任广州革命政府工人部驻港联络人。黄平根据陈延年的指示,积极开展工作,每隔一段时间便回广州向陈延年请示。经过陈延年领导的广东区委的努力,在不到两年的时间内,中共广东区的党员从原来的几百人增加到5000来人,占全国党员总数的27%,是"我党最大的一区"。其中,工人党员占42.68%,农民党员达到30.14%,知识分子和其他党员占27.4%。

陈延年在主持区委工作期间,还规定了较为严格的组织生活和会议制度。区委常委会原则上每月召开两次。因为各负责同志工作繁忙,往往不能定期召开。许多重要紧急问题,往往由陈延年与各有关负责同志开小会讨论决定,然后再向区委会议提出报告。有关全面性问题,他则坚持召开区委会议讨论决定。

陈延年也很重视对党员和干部进行思想教育。陈延年来粤时，广州农民运动蓬勃发展，广州农民运动讲习所于 1924 年 7 月开始举办。而广州工人运动则不尽人意，因此共产国际代表决定 1925 年初在农讲所筹设工人班，指定由延年参加这项工作。当时，讲习所办班面临缺乏优质教材的突出问题。陈延年留苏归国，深知母校东方大学革命教育的扎实与完善，1925 年 1 月 5 日他致函旅莫支部，请陈乔年、王若飞、王一飞、罗亦农等同志寄送资料，他在信中说，"我们很需要'东大'各种功课的记录"及经典教材的译稿。陈延年希望旅莫支部能够提供"俄国共产党史""第三国际党纲及政策""职工运动""经济学""唯物史观""青年运动史""社会形态发展史""工人运动史"等课程功课记录，"东大"社会科学研究室所制作的图表，鲁拉察斯基所制的社会主义发展史图表，苏联组织图等。一个半月后，陈延年再次致函旅莫支部，"请若飞、一飞、乔年三位同志将'俄国共产党历史''职工运动'及'经济学'等功课记录整理寄来，供工人班教材"，以及一些图书译稿。

举办不定期的政治报告会和专题报告会，是广东区委加强党内思想政治建设的重要方式之一。陈延年经常根据革命斗争形势的发展和党员思想状况举办报告会。这些报告会多在东皋大道复兴街旧省农讲所（今东皋大道礼兴街 6 号广东省农民协会旧址）举办，会场不大，参加者只限于党员骨干、积极分子和团员骨

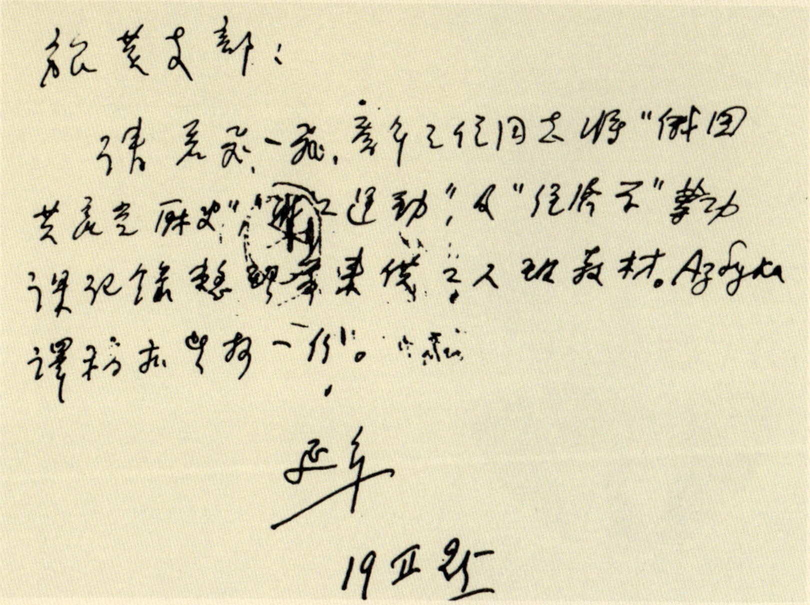

旅莫支部：

延年

19 II 25

陈延年 1925 年 2 月 19 日写给旅莫支部的亲笔信

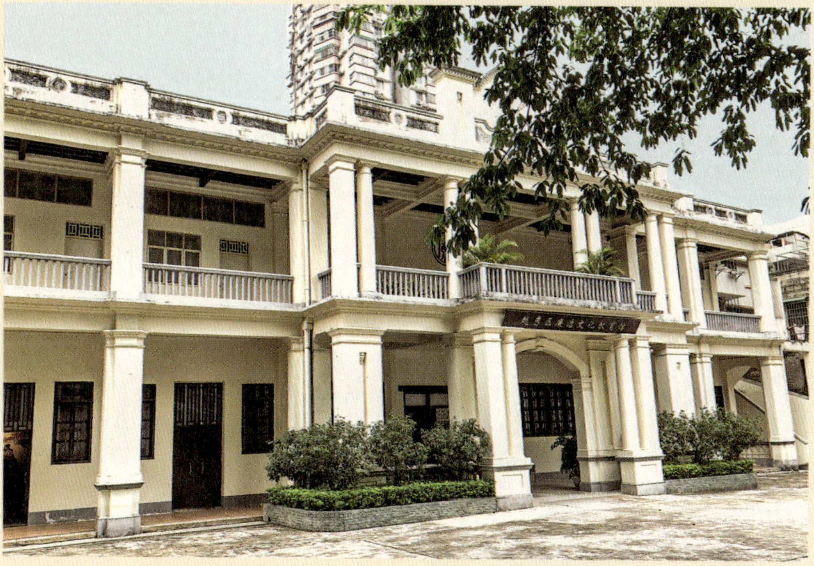

广东省农民协会旧址

廖仲恺

干。一般党员群众主要是在支部会中听传达报告。

1925 年 8 月国民党左派领袖廖仲恺遭刺杀后，党内有些同志甚至个别领导干部，对残酷的阶级斗争缺乏足够的思想准备，产生恐惧心理。针对这种思想倾向，陈延年及时在报告会上提出："一个共产党员的牺牲，胜于千万张传单，如果怕死就不要做共产党。"这些话使得许多同志懂得了做一个共产党员必须具备牺牲精神。

1926 年以后，陈延年领导广东区委逐渐建立起每周定期的党课制度。特别在 1926 年 5 月全国第三次劳动大会之前，因为中央及各省高级负责同志云集广州，区委曾举办几期党员骨干深造班，以培养工人党员骨干为主旨，由组织部选定名单编班上课，每班约三四十人，以 4 周为一期，每周上晚课 3 次。课程内容有社会发展史、唯物主义论、共产主义与共产党、中国共产党党章、党的秘密工作、帝国主义、中国革命的任务、中国职工运动、广东农民运动，以及其他政治专题报告等。主要教员为恽代英、罗亦农、萧楚女、邓中夏、彭湃、穆青、项英等。苏联顾问鲍罗廷、加伦、马马也夫等也做过专题讲话。陈延年负责上第一课——党的建设。通过比较正规的有计划的理论学习，提高了工农出身的党员骨干的政治思想水平。培训班选用的教材除采用国光书店印发的小册子外，另编有讲授提纲。这些重要的党课内容，也被编为支部教材。此后，宣传部曾选编重要政治报告或专题报告，编成不定期内部刊物《我们的生活》，作为支部会议学习资料。

1926 年 6 月 1 日，广东区委和共青团广东区委在广州联合举办党校，"由各地方、特支派出比较明白而参加过实际工作的同志调来做党校学生"，招收学员 40 名。"此外，选出广州地方各支部书记及负责任的同志去旁听"。学员受训期间，"单独组织一个党校支部"。学习时间为一个月，到 7 月 1 日止，每天最少上课 4 小时，其余时间或复习，或参加支部会议。党校教员大多由广东区委委员担任。学员毕业后，派往各地担任党、团基层组织工作，或"做内部教育训练工作"。9 月 1 日，广东区委又在广州东皋大道省农民协会内设一党校，系统轮训党的干部。第一期招收学员 60 人，皆为广州地区各党支部负责人，并设旁听生，学习期限为两个月。学习内容分理论、党务、政治及工作四个方面，各设有若干门功课，"皆做支部工作所必需之知识"。区委组织部和宣传部整理、出版了各种专题报告的讲稿和党课讲义，分发给学员。这所党校坚持办到 1926 年 12 月"尚未中断"。

陈延年非常重视宣传工作。广东区委每隔一段时间，就要起草一份统一的宣传大纲，发给各级组织。在制定宣传大纲时，他总是先让宣传部讨论，提出各种意见，然后请担任宣传部长的罗亦农、张太雷等人起草，最后经他本人仔细审阅定稿后付印。为

《人民周刊》

加强党的宣传教育工作，1926年2月7日，广东区委创办机关刊物——《人民周刊》，以宣传革命理论和党的政治主张、方针政策及开展思想理论战线上的斗争为主要内容。每期发行1万份以上，共出刊50期，至1927年4月停刊。该刊编辑出版事宜，由区委宣传部和张太雷负责，但每期重要稿件都经陈延年审阅和修改。

从1926年9月28日起，广东区委还陆续编印党的内部刊物——《我们的生活》。陈延年任该刊主编，并以"年"的笔名写了题为《告同志》的发刊词。他明确提出，"我们的党不是从

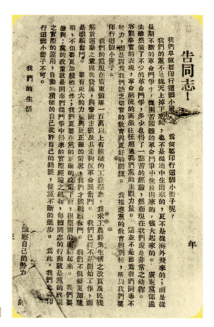

题为《告同志》的发刊词

天上掉下来的，也不是从地中生出来的，更不是从海外飞来的，而是从长期不断的革命斗争中，从困苦艰难的革命斗争生长出来的，强大起来的"；"客观事实的表现，革命潮流的高涨，往往超过我们党的主观力量"；"为推进党的教育与训练，所以我们要印行这个小册子"。广东区委领导下的学生运动委员会于 1927 年 2 月 7 日创办《WHAT TO DO?（做什么？）》，陈延年亲自为该刊定名，并撰写题为《我们应该做什么?》的发刊词，指出"那些成千成万的，最受侮辱咒骂的奴隶们，已经纷纷的站起来了"，"要将他们的痛苦，他们的要求，译成我们的诗，我们的艺术，我们的科学"，"这就是我们应该做的"。陈延年对区委创办的国华印刷所和国光书店也很关心，勉励工作人员办好这一事业。

广东区委在陈延年的领导下，成绩卓著，党组织在这一时期获得了较大发展，陈延年也被大家誉为广东党组织"开疆辟土的拖拉机"。1926 年 9 月，中央执委会对广东区委评价说，"粤区有两年多的工作经验，负责同志亦甚得力"，"张太雷编辑《人民周刊》，区委已较健全，故指挥工作尚不费力"。并且指出，"本党在广州的组织已是民众运动的核心及政治变动的一个重要原素"。

建立革命武装

陈延年十分重视军队中党的工作，积极从事革命武装的建

陈延年（陈东）列席
中国青年军人联合会
第一次全体职员大会

中國軍人

中國青年軍人聯合會第一次全體職員聯席會紀算

二十

飛機拖設隊代表二人
飛機學校代表一人書記一人
軍校二期代表三人
建國第一軍代表一人
本質──民族解放協會代表陳東
中央黨部代表汪精衛　鮑羅訂　張太來
主席王一飛　符大慶
紀寫周逸羣

4. 閉會

1. 主席宣佈開會
今日過個聯席會議是有極重大的意義，只要看本會會員團結的歷史及現在所處的地位，就知道本會在革命大潮流中所負的使命是如何的重大，尤其是在時局與發反革命潮澎湃的時候，本會不惟使命的工作是如何的重大！故在此聯席會談中有三個重要的討論：（一）對時局問題（二）內部組織問題（三）向外發展問題。關於第一項，並請汪精衛演講

2. 汪精衛同志演講
羅廷諸同志報告聯局和講演吾人之責任

今日兄弟接着中國青年軍人聯合會中央執行委員會一員信，要兄弟來參與會議我現在就

青年军人联合会第一次代表大会合影

设。1924 年 5 月，在苏俄和中国共产党的帮助下，中国国民党陆军军官学校（简称黄埔军校）正式成立。11 月，周恩来来校就任政治部主任。黄埔军校第 1 期有 600 来名学生，其中由全国各地党组织和广东区委选送来的党团员有五六十人，占学生的十分之一。1925 年 1 月，黄埔军校中共党员增加至 43 人。陈延年和周恩来及时将原党支部扩大为中共黄埔军校特别支部，直属广东区委领导，特别支部直接向周恩来与陈延年汇报工作。1925 年 2 月 1 日，黄埔军校教职员金佛庄、胡公冕，学生、中共党员蒋先云、周逸群、李之龙等发起筹备的中国青年军人联合会成立，以团结校内外的左派革命军人，与右派作斗争。5 月 17 日，陈延年以"民族解放协会"代表陈东的名义列席该会第一次全体职员大会，

黄埔军校旧址

陈延年画传

并发表讲话。

广东区委和军委十分关心黄埔军校党的工作。每星期由军委在广州农民运动讲习所内召开一次党的小组长以上和积极分子会议。每次军校去参加的教职员和学生约有七八十到一百多人，来回有船接送。开会内容一般是讲解当前形势和最近发生的一些问题，报告党的工作情况等。由周恩来、恽代英或陈延年等分析国际国内形势。1925年11月21日，国民政府任命周恩来为广东东江各属行政委员，翌年2月1日周恩来宣誓就任。陈延年在一次讲话中说，周恩来同志当上了行政长官，我们党第一次有了政权。

1926年中山舰事件后，熊雄到广东区委向陈延年、周恩来汇报军校情况，要求加强军校党组织和领导力量，以适应军校新的形势。区委当即确定成立以恽代英为首的党的核心组织——"党团"，由区委指定恽代英、熊雄、聂荣臻、陈度和饶竞群组成。广东区委对中共军校党组织明确要求："团结左派、争取中间力量，反对极端势力，积极宣传孙中山先生联俄、联共、扶助农工三大政策和国民革命运动，加强军校政治教育工作，培养配备国民革命军各军的军事政治骨干与后备力量。"

1924年11月，陈延年和周恩来征得孙中山同意，从黄埔军校等单位抽调一批党员干部，组建了"建国陆海军大元帅府铁甲车队"。由徐成章任队长，廖乾吾任党代表，周士第任副队

恽代英　　　　　　　熊雄

1925 年黄埔军校政治部工作人员合影，左起前排第 4 为聂荣臻

长，赵自选为军事教官，曹汝谦为政治教官；同时又动员了一批工人、农民和进步青年到铁甲车队当兵。铁甲车队有3个排，每排3个班，总共编制136人，全队人数经常在150人左右。铁甲车队的装备共有几辆铁甲车，及一部分其他车辆，驰骋于广东省内各条铁路线上。班长、队员一律配备"三八"式长枪，排以上干部配备驳壳枪。每排还有一支手提机关枪。铁甲车队建立了党小组，最初党员有5人，即廖乾五、徐成章、周士第、赵自选、曹汝谦，党小组长为廖乾五，党小组直属广东区委领导。党小组

铁甲车队队长徐成章

铁甲车队副队长周士第

生活会每周一次，每次除讨论工作外，都有批评与自我批评的内容。有关铁甲车队的干部配备、调动以至重大活动等，党小组都直接向陈延年、周恩来请示报告。它名义上是大元帅府属下的组织，实际上是广东区委领导的一支革命队伍。这是党直接掌握的第一支革命武装。

铁甲车队建立后不久，陈延年又对"飞机掩护队"进行改造。飞机掩护队驻扎在距离大沙头铁甲车队不远的地方，原属广州革命政府航空局领导。但原飞机掩护队队长是个混入革命队伍的投机分子，经常暗中与帝国主义及滇桂军阀勾结，进行反革命活动。为了把这支武装改造过来，掌握在党的手中，以扩大革命力量，陈延年等人于 1925 年 3、4 月间，在广州革命政府和航空局的支持下，对飞机掩护队进行改组。陈延年和周恩来派共产党员周士第（时任铁甲车队队长）兼任飞机掩护队队长，派共产党员赵自选任党代表，并将原队长调离。当周、赵二人准备去飞机掩护队接任时，陈延年叮嘱他们，要和平接管和改编，注意不要引起武装冲突。陈延年还从铁甲车队抽调一批队员到飞机掩护队充任骨干。后来又继续补充一部分工人、农民和青年进来，从而使队伍的政治情况发生变化。他还指示周、赵二人在飞机掩护队积极发展党员，建立党的小组，赵自选任党小组长。这样，飞机掩护队很快被改造成党直接领导的又一支革命武装。

独立团团长叶挺

　　随着形势的发展，陈延年和周恩来进一步认识到必须建立以共产党员为骨干的由我们党直接领导的革命军队，作为国民革命军的核心力量。1925 年 11 月，广东区委于广东肇庆建立党直接领导的以共产党员和共青团员为骨干的独立团。独立团以共产党员叶挺担任团长，以原铁甲车队为基础，从黄埔军校毕业生中抽调一批共产党员、共青团员到独立团充任各级骨干，另从广东、广西、湖南招募士兵。全团约 2000 人，武器是较差的粤造七九步枪，并有 2 挺重机关枪。陈延年和周恩来还在独立团里建立了直属区委领导的特别支部，在各营和团的直属队分别建立党的小组，独立团成立时有党员 20 名左右，因而这支部队能够成为纪律严明的革命劲旅，在北伐战争中建立卓越功勋，被誉为"铁军"。

领导省港大罢工

　　1925 年 5 月 30 日，上海发生了英国巡捕枪杀学生和工人的五卅惨案。31 日，五卅惨案的消息从上海传到广州，当晚，广东区委召开了广州市党团员大会。陈延年在会上报告五卅惨案的经过以及广东时局，要求全体党团员发动广大群众进行反帝斗争。会议决定由广东区委和青年团广东区委联合成立一个"临时委员会"。6 月 2 日中午，临时委员会联络中华全国总工会等团体在广东大学开群众大会，到者 2000 余人。大会后，举行了声势浩大的游行。

援助沪案示威大会会场

中共中央广州临时委员会和广东区委决定组织广州、香港两市工人，举行支援上海工人阶级的罢工，指定黄平、邓中夏、杨殷、苏兆征、杨匏安五人组织党团作为发动香港罢工的指导机关。此后不久，广东区委指定冯菊坡、刘尔崧、施卜、李森（李启汉）、林伟民、陈延年6人在广州组织党团，以李森为书记，负责接待香港罢工工人，并指派冯菊坡、刘尔崧、施卜到广州沙

1925年陈延年（右二）任中共广东区委书记时与冯菊坡（左一）、刘尔崧（左二）、杨匏安（右一）的合影

面发动罢工。6月15日,在平定杨希闵、刘震寰叛乱的第3天,广东区委在陈延年的主持下,发布《告广东人民书》,动员各界罢工。6月19日,香港工人开始罢工。15天内,参加罢工的人数达到25万人,其中10多万人离开香港回到广州。6月21日,广州沙面洋务工人开始罢工,市内各洋行职工加入罢工行列。

6月23日,在陈延年、周恩来的领导下,广州各界群众以及省港罢工工人5万余人在东较场集会,声讨帝国主义屠杀中国人

走在沙基的游行队伍

民的暴行。会后举行声势浩大的示威游行。当队伍路经沙面对岸的沙基时，遭到沙面租界英国军警的排枪射击，当场被打死52人，重伤170多人。这就是骇人听闻的"沙基惨案"。

当天，陈延年召开了区委紧急会议，综合了各负责同志汇报情况后，立即决定由广东各界对外协会召集各界人民团体组织请愿团，要求国民党政府当局对帝国主义使领团提出最严重的抗议，要求收回沙面租界，外国兵舰撤出白鹅潭，以及惩凶、赔偿、抚恤等条件。

7月3日，省港罢工委员会成立，以苏兆征为委员长。广东

沙基死难烈士纪念碑

区委成立罢工"党团"，由邓中夏、李森、苏兆征、黄平、冯菊坡、刘尔崧、施卜、林伟民、陈延年等组成，先后由邓中夏、李森任书记，这是罢工运动的领导核心。党团直属广东区委领导，向区委和陈延年汇报工作。罢工中一切重大决策，都经陈延年同邓中夏、苏兆征等人商量，或召开区委会议研究后作出，再通过党团予以贯彻和实施。罢工委员会设在广州东园，办公室用竹篷搭成，设有膳堂和宿舍，规模很大。工作人员在此办公，工人纠察队也常在此集合。

省港罢工委员会旧址

罢工委员会的运作开始较为顺利，但不久香港一些工会领袖因在广州感到无利可图，又不能随意指挥罢工，于是经常在罢工委员会制造摩擦。邓中夏、黄平遂向陈延年反映这一问题。陈延年建议此事可以找鲍罗庭商量。鲍罗庭认为应当在罢工工人中建立罢工工人代表大会，作为罢工的最高领导机关。罢工委员会向工人代表大会报告，一切有关罢工的事情由大会决定。在此建议下，7月18日，罢工工人召开第一次代表大会，代表大会成为罢工工人中"最高议事机构"。这样，不仅挫败了香港一些工会领袖的破坏活动，而且代表大会还体现了真正的工人民主，党的政策可以通过代表大会贯彻下去，群众对党的认识一天天提高。

　　省港罢工委员会随之组织了一支拥有3000多人的罢工工人纠察队，由徐成章任总教练，邓中夏任训育长，负责对香港和广州沙面租界的封锁和查缉走私犯。陈延年经常到罢工委员会了解情况，指导工作。他夸赞罢工工人纠察队说："我们的武装队伍真好，又精神，又熟练，比之萎靡不振的军阀部队大不相同。"

　　在罢工过程中，党根据形势发展及时调整斗争策略。起初，罢工委员会规定：一切外国货都不准进入广州。这样日子一久，由于农产品不能出口，影响了农民的生活；由于广东米和燃料以及其他日用品都依赖于越南和泰国等国，经香港运入，全部停止进口，广东的粮食、燃料等物资供应也发生了困难，人民生活受

省港罢工委员会领导人在讨论罢工事宜，中为苏兆征，右为邓中夏

省港大罢工的工人纠察队在珠江巡逻

陈延年画传

到一定影响，商人也没有生意可做，无钱可赚。对此，陈延年、邓中夏、苏兆征、黄平与鲍罗廷商量，鲍罗廷提出单独对英斗争的策略，经过研究决定只禁止英帝国主义商品进口。事后，鲍罗廷又去同国民政府商量，达成一致意见。罢工委员会决定一种"特许证"制度，"凡不是英国货英国船及经过香港者，可准其直来广州"。这种变化既拆散了帝国主义的联合战线，把英帝国主义孤立起来，又保证了广东的米、煤和日用品的供应，维持了人民内部的团结。广东资产阶级也非常高兴，表示拥护罢工。这样，就形成了工人阶级和资产阶级的反帝联合阵线。有些罢工工人对改变策略不理解。陈延年热情地向他们作解释，指出：我们过去是"要反对一切帝国主义，现在只单独对英"，他还比喻说："打仗有时要进攻，有时要退守。我们要看政治情形来决定我们的进行。"

为了激励罢工工人的斗争，陈延年经常向罢工工人作报告。1925年10月9日，在第33次罢工工人代表大会上，陈延年以军事委员会政治训练班教授的名义，向工人代表们做政治报告。他说："我们罢工不仅是为我们工人阶级利益而奋斗的；也为全体同胞，全国人民反对帝国主义，争取解放而斗争！"他还强调：帝国主义及其走狗的力量尽管暂时还很强大，革命人民的力量暂时还比较弱小，但是只要我们坚持斗争，敌人的力量就会逐渐削弱，革命的力量就会逐渐增强，我们一定可以取得最后的胜利。

北伐开始后，国民政府派代理外交部长陈友仁，与港英当局代表于 1926 年 7 月 15 至 23 日，在广州就解决省港罢工问题进行谈判。邓中夏、陈延年、苏兆征等很关注谈判的进展，他们常在晚间去鲍罗廷顾问公馆商议对策，不啻是外交的参谋团。为支持国民政府外交谈判，驳斥英方荒谬论点，区委决定举行群众示威大会。7 月 21 日，广州各界 10 万多名群众在广东大学操场举行"誓雪国耻反帝大会"，一致通过力争沙基惨案条件，坚决拥护解决罢工条件之实现等议案，并发表《宣言》。

广东大学旧址

省港大罢工于 1926 年 10 月 10 日宣告胜利结束，坚持 16 个月之久。同日，在陈延年支持下，广东区委发表《为省港罢工自动的停止封锁宣言》。陈延年、邓中夏、苏兆征等是这次罢工的杰出领导人，他们对罢工的胜利作出了极大贡献。

　　陈延年对农民运动非常重视。1925 年 1 月，他在给旅莫支部的信中指出，"此地农民运动最好，用钱也最多"，"农民运动非常重要，现只有广东在做"。他想方设法推动广东农运发展，以至弄得"头昏脑晕"。他在广东区委设立了农民运动委员会，以

广州各界举行拥护自动结束罢工的游行

阮啸仙、彭湃等有丰富农运经验的共产党员负责工作。

广东的农民运动，开始是由彭湃从海陆丰地区搞起来的。彭湃在广州主持广东省农民协会，开办广东农民运动讲习所时，陈延年极力鼓励他把领导海陆丰农民开展斗争的经验加以总结，编辑成书。彭湃一边在省农讲所讲授农运斗争经验，一边撰写《海丰农民运动》。陈延年对这本书作了最后的校订工作，始由在国光书店出版。该书的出版在广东和全国产生很大影响。到1925年5月1日第一次全省农民代表大会前，广东全省已有22个县建立农会，农会会员达22万人，各地还建立了农民自卫军；第

彭湃

一次省农民代表大会后，还成立了省农民协会。

　　为了推动农民运动的发展，培训农运干部，广东区委通过国民党农民部举办了农民运动讲习所。农讲所一至五届的领导人彭湃、阮啸仙、罗绮园、谭植棠等人都是广东区委成员。陈延年尽管工作非常繁忙，仍然担任农讲所兼职教员，多次给学员作报告。广东区党委当时派了很多干部到各地招收农民运动讲习所学员。1925年冬，广东区委派罗明到福建为农讲所招生。出发前，陈延年郑重地对他说："农讲所很重要，对促进各地工农运动，支援北伐战争，将起很大作用；你负责招生要注意政治质量，挑

届别	主持人	时　间	招生人数	毕业人数	所　址	
1	彭湃	1924.7.3-8.21	38	33	越秀南路53号惠州会馆（现越秀南路89号）	
2	罗绮园	1924.8.21-10.30	225	142		
3	阮啸仙	1925.1.1-4.1	128	114		
4	谭植棠	1925.5.1-9.1	98	76	东皋大道1号（现东皋大道礼兴街6号）	
5	彭湃	1925.9.14-12.8	114	114		
6	毛泽东	1926.5.3-9.11	327	318	惠爱路番禺学宫（现中山四路42号）	

中共"三大"后，广东党员深入花县、番禺等地开展农民运动。彭湃根据形势发展需要提议开办农讲所，培训农民运动干部。这是1—6届农民运动讲习所概况表。

广州农民运动讲习所概况表

选那些拥护党，愿意与农民运动结合的学员。"

为了回答地主豪绅和国民党右派对农民运动的攻击，1926 年 11 月 25 日，陈延年以"林木"的笔名在《人民周刊》上发表题为《忍不住了！》的文章，指出："广东最穷苦的农民，只希望有裤子穿，有粥喝，起来要求减租，但这对于地主残酷剥削的利益是有损害的。因此，在朝的人便骂他们为土匪。"他指出："一切劳苦群众，为稍稍改善其惨苦的生活而起来斗争，这是客观必然的事实，不管你赞成不赞成，需要不需要，为他们自身利益，为整个革命利益，即为推进整个革命运动，即为增加整个革命力量，他们必须做这种斗争，并且谁也限制不住"。陈延年还指出："革命党只应而且只能领导这种斗争，不应而且不能反对这场斗争、不要这种斗争。"

陈延年是党内较早重视土地问题的领导人之一，他在一次谈话中说："近来鲍罗廷同志的讲演常常提到土地问题，我认为这是很重要的。中国是产业落后的国家，土地问题无疑是一个主要的问题，我们对于这个问题的疏忽，是很错误的，我们应该唤起同志来注意这一问题。"

CHEN YANNIAN

推动广东革命根据地的统一和巩固

1923 年 3 月，孙中山在广州成立陆海军大元帅府。广州革命政府成立的最初两年，仍没能控制广东全省。陈炯明盘踞东江，邓本殷割据南路。广州革命政府依靠的滇军杨希闵部、桂军刘震寰部，实际是地方军阀势力。它们在各自占据的地方扰民，同帝国主义势力秘密往来。广州革命政府遭到腹背受敌的严重威胁。

1924 年底，孙中山应邀北上共商国是，陈炯明认为大元帅府群龙无首，有机可乘，即于 12 月 7 日，在汕头重任"粤军"总司令，再次发兵进攻广州。1925 年 2 月，广州革命政府在中国共产党推动和帮助下进行第一次东征。东征开始后，陈延年和阮啸仙、刘尔崧等人组织大批工农积极分子随军东征，帮助革命军运送粮食、弹药，担任医疗卫生、宣传鼓动等工作；陈延年还派彭湃回海陆丰发动农民，组织农民自卫军，配合革命军作战。中共广东区委发表《中国共产党檄告广东工农群众保卫革命打倒陈炯明》的宣言，号召广大工农群众担负起保卫革命的伟大责任，讨伐军阀陈炯明。陈延年以"陈东"的署名在国民党左派创办的《革命周刊》发表文章，认为"只有工农阶级是最能革命的阶级"，"要靠这个力量肃清党内一切反革命分子，统一本党的观念与行动，森严本党反抗资本帝国主义与军阀的壁垒，完成打倒帝

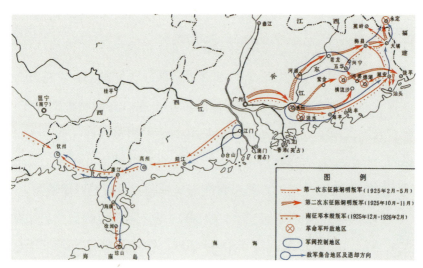

广东革命根据地统一略图

国主义与军阀的民族革命"。由于革命军英勇善战，以及党领导下的东江农民大力支持和配合，东征军进展神速，第一次东征于4月初顺利结束。

当第一次东征之际，革命阵营内乱又起。1923年在驱逐陈炯明的战役中，由杨希闵、刘震寰分别率领的滇军、桂军进入广东。这些未经改造的旧军队很快褪去"革命"色彩，到处抢防地，把持税收，遍设烟、赌馆，强占民房，勒索财物。1925年3月孙中山逝世后不久，杨、刘野心渐显，阴谋颠覆广州革命政府。在这紧急时刻，陈延年召开了广东区委紧急会议。他极力主张采取断然措施，彻底消灭杨、刘的反革命武装。会后，他又与国民党左派廖仲恺以及广州革命政府的其他成员进行紧急磋商。他坚决主张把东征军调回广州，镇压叛乱。讨论中，针对杨、刘叛军人多势众的敌情，陈延年坚定地说："单靠武力解决是不够的，工农群众全在我们这一边，只要把连贯广州的几条铁路同近郊工作做好，广州就是一座死城；桂军不在广州，滇军就成了瓮中之鳖。他有什么办法南来南打，北来北打呢?"他接着指出："滇、桂军是心腹之患，假如不决心消灭他们的话，就无法肃清内部，无法统一和巩固广东革命根据地，更谈不上要进行北伐。因此我们坚决主张反击。"听完陈延年的分析后，廖仲恺等人的态度也明朗了。随后，广州革命政府下令调东征军回师讨伐。

谭平山、陈延年代表广东区委，与廖仲恺、加伦组成"三方委员会"，以统一行动，指导平叛斗争。广东区委特别组织革命委员会办理此事。区委还决定：通过军事委员会书记周恩来联系黄埔学生军和各友军；通过谭平山策动国民党左派；由杨殷等负责布置广三、广九、粤汉三条铁路工人罢工；刘尔崧等负责布置东、西、北三江轮渡运输罢工，并断绝敌人电线电话交通。区委还决定加强宣传工作，6月初由廖仲恺和谭平山在广州河南士敏土厂召开秘密宣传会议，制定宣传大纲和宣传口号，布置事前事后的宣传活动办法。团广州地委组织临时政治宣传委员会，指定

谭平山

丁愿、赖玉润、周文雍、黄居仁、郭寿华、谭竹山、陈志文等人负责，协助党进行工作。

6月7日早，粤汉、广九、广三三路工人即在"不灭杨、刘，工运不兴"的口号下，同时宣布罢工。所有的火车头，能开走的一律开走，不能开走的全部拆毁，铁路运输全部中断，滇桂军遂不能按预定计划集中广州。结果，反叛军队只能零零星星徒步向广州前进。

6月12日，革命军各部会同攻城，分别从东郊、河南向市区逼近，向滇、桂军展开猛烈攻击。陈延年和阮啸仙、刘尔崧等立即发动广州工团军、郊区以及番禺等地的农民自卫军配合作战。杨、刘陷入四面包围之中。盘踞广州的滇军很快被全部击溃。战斗任务结束后，周恩来身着戎装，带着红布臂章回到广东区委见到陈延年时，彼此互相亲切握手祝贺，周恩来兴奋地说："已经胜利完成任务，把叛军全部击溃缴械了。"陈延年也兴奋地说，这次武装斗争的胜利"可喜！可贺！"不久，盘踞西江一带的刘震寰部也被解决。讨伐刘、杨之役，取得了胜利，广东局势迅速转危为安。

1925年7月1日，中华民国国民政府在广州成立。国民政府面临实现广东全省统一的问题。当时省内的军阀势力，主要有从闽、赣边境返回东江的陈炯明军和盘踞在南路、琼崖的邓本殷军。因此，国民政府于9月决定再次举行东征和南征，以统一广东革命根据地。

10月上旬，第二次东征开始。出师东征之前，陈延年已指派杨石魂、刘锦汉、廖其清、廖伯鸿、方达史等党团员，领导岭东革命同志会的革命青年，进入潮汕地区，与当地党和团所领导的工农青年学生群众，在敌后展开反对军阀陈炯明的政治斗争。当陈延年收到周恩来东征捷报时，很沉毅地说："确实不愧为共产党员领导的战斗队。"11月初，东征军收复了东江，解放了潮梅各地，把陈炯明的部队赶出广东，取得了第二次东征的胜

周恩来与邓颖超
在汕头合影

利。潮汕攻克后，潮梅、海陆丰革命工作骤然发展。陈延年以赖玉润、刘锦汉、丁愿、杨石魂、彭湃、郭瘦真、邓颖超组成汕头地委，以赖玉润任书记，负责领导潮梅、海陆丰15县市的党的工作。

当革命军举行第二次东征时，被北洋军阀委为八属督办的邓本殷于10月中旬趁机从雷州、高州、阳江向四邑（新会、台山、恩平、开平）进犯，以策应东江陈炯明军。10月下旬，国民政府遂令国民革命军一部予以狙击。南征开始之前，陈延年派出一批共产党员和共青团员潜赴南路、琼崖，做发动群众的工作。陈延年派黄学增、韩盈等党团员领导南路革命青年，由王文明、杨善集等领导琼崖革命同志会的革命青年。他们与当地党和团所领导的工农群众，在敌后展开反对邓本殷军阀割据的政治斗争工作。陈延年等还通过省港罢工委员会派出宣传队、卫生队，到前方开展宣传和救护运输工作。同年底，南路各地肃清。1926 年 2 月，南征军解放琼崖各地。至此，广东革命根据地获得了统一和巩固。1925 年 12 月 20 日，广东区委、团广东区委发表《告广东民众》书，指出："广东所以有现在的统一，是广东革命的民众与

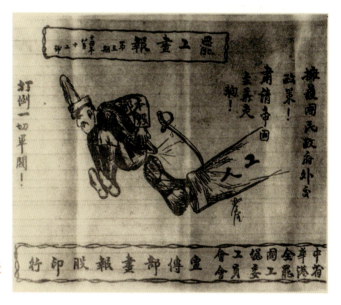

打倒军阀邓本殷的宣传画

其自觉的工具（指共产党）之力，是广东革命的民众与广东革命政府合作之力。"作为广东党组织活动的主要策划者之一，陈延年对统一和巩固广东革命根据地作出了重要贡献。

主张反击国民党右派

在革命运动日益高涨的形势下，国共合作的统一战线内部的斗争更加尖锐、复杂。为了坚持无产阶级领导权，陈延年很注意维护党的独立性。他反对对国民党进行不断让步的政策，反对在资产阶级民主革命中党只能充当革命苦力的错误观点，他说："苦力主义是要不得的"！

1926 年 1 月，国民党召开第二次全国代表大会。大会前夕，陈延年、周恩来及苏联顾问鲍罗廷商量，确定在这次大会上采取"打击右派，孤立中派，扩大左派"的政策。他们计划在大会上公开开除戴季陶、孙科等右派分子的国民党党籍；在国民党中央执行委员选举中，使"我们党员占三分之一，少选中派，多选左派，使左派占绝对的优势"。当时在国民党二大代表中，左派占绝对优势，实现这个计划完全有保证。陈延年及时将商定的意见报告上海党中央，待中央同意后，正式向国民党提出。但是党中央执行共产国际的指示，对国民党右派采取退让政策。此前，1925 年 12 月 24 日，在维经斯基的主持下，陈独秀、瞿秋白、张国焘与孙科等在苏联驻上海领事馆举行谈判，双方达成中共党员在国民党领导机构中不超过三分之一等七条协议。中央"请"戴季陶、孙科等回粤；为了争取右派回粤，还特地拍电报到广州把大会延期一个月，等候他们。中央还派张国焘担任国民党二大的党团书记，强迫共产党人和国民党左派在国民党中央执监委员会选举中作出让步。

1926年1月1日至19日，国民党二大在广州召开。由于陈独秀、张国焘的妥协退让，国民党二大向国民党右派做了很大让步。结果，当选的36名执委中，共产党只有7个，比原定计划少了将近一半。国民党左派14人。右派、中派却有15人，右派孙科、戴季陶、胡汉民、伍朝枢、萧佛成等都当选了。在监委中，右派更是占绝对优势，12名中央监委中共产党员只占1名。国民党中央执委、监委经常一起开会，结果成了"右派势力大，中派壮胆，左派孤立的形势"。国共合作之初，在国民党人中，蒋介石是以中派人物面目出现的。周恩来曾说：蒋介石是国民党中派的"代表人物"。1925年8月20日廖仲恺被暗杀，汪精卫、许崇智、蒋介石3人组成"廖案"特别委员会，被授予政治、军事、警察全权，蒋介石由此进入国民党最高领导层。国民党二大上，原来在国民党内地位不高的蒋介石也被选为中央执行委员，随后又被选为常务委员。这就为蒋介石篡夺国民党中央领导权，

国民党第二次全国代表大会参会代表合影

以至日后实行反革命政变打下了基础。

陈延年对陈独秀等人的右倾妥协退让政策非常不满。国民党二大后，他以广东区委的名义给中央写了一份报告，指出中央在国民党二大前所取的妥协退让不妥，主张改用向右派进攻的策略。但中央拒绝接纳广东区委和陈延年的正确意见。

国民党二大后不久，国民党右派在广州发动中山舰事件（也称为三二〇事件）。陈延年在事件前一两天才从上海回到广州。1926 年 3 月 18 日，黄埔军校驻省（省城广州）办事处主任欧阳钟称"奉蒋校长的命令"，通知海军局代局长、共产党员李之龙速派有战斗力的军舰到黄埔听候调遣。当李之龙派中山舰开到黄埔后，蒋介石否认有过调舰命令。这时谣言蜂起，说苏联顾问和共产党员要劫持蒋介石，等等。3月20日，蒋介石利用中山舰调动一事，突然采取严重的反共行动：在广州实行紧急戒严，诬陷共产党人私调中山舰要劫持他离开广东，由此逮捕海军局代局长、共产党员李之龙；拘捕黄埔军校和国民革命军第一军中以周恩来为首的中共党员；包围省港罢工委员会，企图强行解除省港罢工委员会工人纠察队的武装；包围苏联顾问住处，收缴卫队的武器；包围国民政府主席汪精卫的住宅。事实上，中山舰驶往黄埔与汪精卫、苏联军事顾问团团长季山嘉无关，与共产党无关。制造中山舰事件的是反对国共合作的西山会议派和广州孙文主义学会。

中山舰事件发生后，时任国民党中央代理宣传部长的毛泽东主张对蒋强硬，他向陈延年和季山嘉建议，要动员所有在广州的国民党中央执行委员、监察委员秘密到肇庆集中，以驻肇庆的第四军独立团为基础，共同反对蒋介石。待中央执、监委员到肇庆后，要开会通电反蒋，削其兵权，开除党籍。

陈延年召开区委紧急会议。会上，他极力主张反击，他说："我是同意毛润之的意见，对蒋介石来一个回击，无奈中央害怕影响团结，怕吓退国民党资产阶级，硬不同意。"针对当时一些人顾虑蒋介石军力较大的情况，他气愤地说："蒋介石有军队，我们有群众，不怕他，任他怎样跳，怎么也跳不出如来佛的掌心。"

中山舰

中山舰舰长李之龙

当时在广州的苏联布勃诺夫使团负责应对此突发事件。布勃诺夫时任联共（布）中央委员、红军政治部主任，受联共（布）中央政治局委托率团来华。布勃诺夫使团于3月10日抵达广州。中山舰事件发生后，经过一番讨论，布勃诺夫认为应该将国共关系继续维持下去，尽快使广州恢复到事变前的状态，决定对蒋介石采取让步措施，下决心撤换掉俄国顾问团中不受蒋介石欢迎的季山嘉、罗加乔夫、拉兹贡的职务。布勃诺夫向蒋介石让步的指导思想是"我们应当设法以自己受点损失和作出一定的牺牲来挽回失去的信任和恢复以前的局面"，因而他要求中国共产党要"巩固革命势力的统一"，尽快弥合此次事件在国共两党间造成的裂痕，稳定广州局势。受布勃诺夫就近指导的广东区委于3月30日致信国民党中央、国民政府、国民革命军及广东人民，将该事件的发生归于反革命势力分裂革命队伍的阴谋，强调两党团结和统一，公开声明"共产党承认国民政府是国民革命的基础，是现在中国反帝国主义的大本营，因此共产党率领工人农民竭力帮助使民政府巩固与发展。"陈独秀随后在文章中也表示："凡是中国的革命分子，应该一齐喊出'中国革命势力统一'的口号，扑灭分裂革命势力的一切阴谋！"

4月中旬，中共中央收到了陈延年关于中山舰事件的详细报告，这才对该事件前因后果和蒋介石制造中山舰事件的真实目的有了比较清晰的认识。自此，陈独秀改变了以退让求团结的态度。中央召开会议，提出三点对策：尽力团结国民党左派以对抗孤立蒋介石；在物质和人力上加强国民革命军二、六两军及其他左派队伍，以便必要时打击蒋介石；尽可能扩充叶挺部队和省港罢工委员会的纠察队及各地农民武装，使其成为革命的基本队伍，并特派彭述之代表中央到广州和共产国际代表面商。但是，中共中央的意见遭到共产国际代表鲍罗廷拒绝。

中山舰事件后，广州稍稍安定，陈延年曾召集过一次会议。他在会上说："孙文主义学会对我们下了这一手，但我们自己也要总结一下，我们有没有不会团结国民党的地方？我们有没有骄傲自满情绪？我看李之龙就骄傲。另一方面，孙文主义学会搞了这么大的阴谋，事先我们一点都不知道，这说明我们的工作还不深入，很值得总结，引以为戒。现在我们自己还没有军队，我们今后还要派人到友军去。我们既要发展自己的组织，又要诚心诚意地帮助友军训练军队。"

继中山舰事件后，蒋介石又于1926年5月通过操纵国民党二届二中全会，进一步从组织上排斥、打击共产党人。国民党二届二中召开期间，蒋介石任会议主席团主席，在"开会理由"中说，"自从先总理逝世之后，本党内部，日益纠纷，一般跨党党员（指中共党员），时有轨外行动"，"反客为主"，将矛头直指共产党。随后，蒋介石提出《整理党务案》的"四项原则"和"八条提案"。"四项原则"的核心问题是："纠正跨党党员的违纪行为"，攻击、污辱共产党员。"八条提案"的要点是：共产党必须交出国民党内之共产党党员全部名册，中央党部部长须不跨党者方得充任，共产党及共产国际对于国民党内共产分子所发一切训令，应先交联席会议通过，等等。国民党二届二中全会前，鲍罗廷无视中共中央存在，在有关国共关系重大问题上大包大揽，与蒋介石达成共识，表示不反对《整理党务案》。在广东区委会议上，鲍罗廷强调广东局势异常危险，"我们不得不对蒋作最大限度的让步，承认他从 3 月 20 日以来所取得的权力，不要反对他的整理党务案，并支持他尽快北伐"。

《整理党务案》公布后，陈延年召开区委紧急会议，并向中央写了报告，要求抵制。出席国民党二届二中全会的共产党员对是否接受蒋介石的提案进行了几天讨论，但最终没有拿出一个合适的抵制办法。再加上鲍罗廷事前已经做了大量工作，《整理党务案》在全会上顺利通过。随后，担任国民党中央部长的共产党员分别辞职。中国共产党面临的形势空前的复杂、困难。

《整理党务案》通过后，广东区委召开广州党的活动分子会议，陈延年提出：我党对蒋介石的提案，让步有些过头，对蒋介石过于迁就；蒋介石不是左派，对他的一切错误言行，该批评的应当批评；对其权力应有所限制；我们害人之心不可有，防人之心不可无；根据中山舰事件后蒋介石的言行，我们应有所警惕。

《整理党务案》的通过，使得共产党人处于被动局面，陈延年等在实际工作中予以抵制。当时黄埔军校的党组织请示广东区委，是否要按《整理党务案》规定将该校参加国民党的共产党员名单交给国民党时，陈延年坚定地回答："一个都不要向所在国民党党部表态，尤其是一向没有暴露共产党员身份的人，更应保持常态，不理睬国民党右派的无理要求。"黄埔军校的党组织将陈延年的意见转达各支部，结果大家都不理会蒋介石的命令。当

高级政治训练班旧址

陈延年画传

国民党中央及国民革命军第一军退出的共产党员在广州大佛寺举办高级政治训练班时，陈延年到该班向学员作政治报告，鼓励大家继续斗争。在中山舰事件和整理党务案后，广州地区有些不够坚定的党团员产生动摇畏惧情绪，甚至有个别请求退出或改名。陈延年指示区委和团区委及时开展清党、清团运动，把那些动摇分子清查出去。与此同时，他又指示各地党组织，要普遍发动农民运动，加强农民自卫军的建设。当汕头地委书记罗明举办东江农工训练班时，陈延年指示他"要发动工农运动，同国民党右派进行斗争；要加强工农武装，如果国民党右派损害工农利益，就同他斗争"。

大力支援北伐战争

随着全国革命形势的发展及广东革命根据地的统一和巩固，进行北伐战争的时机已然成熟。中共中央率先提出北伐的主张。1926 年 2 月 7 日，中共中央、共青团中央发表《告全国民众书》，建议"请求广州国民政府出兵北伐"。2 月 21 日至 24 日，党中央在北京举行特别会议，着重讨论北伐的问题。会议认为英、日帝国主义和奉直军阀反冯玉祥国民军的联合战线如果得胜，必然要进攻并推翻广州国民政府，指出当前局势根本解决的途径在于广州国民政府北伐的胜利。因此，中国共产党"在现时政治上主要的职任，是从各方面准备广东政府的北伐"。会议号召全党要从各方面做好充分准备，推动广州国民革命势力向北发展；同时在北伐必经之湖南、湖北、河南等地加紧发动农民，配合北伐进军。陈延年出席了这次会议，坚决赞同和支持推动北伐的决定。

陈延年回到广东后，积极贯彻党中央特别会议精神，开展一系列宣传工作。3月30日，广东区委发出《反对段祺瑞屠杀北京民众之宣传大纲》，"要求国民政府实行北伐"。4月2日，在广东党、团区委的推动下，广州各界15万人举行声援北京民众、声讨段祺瑞（3月18日镇压北京示威群众）大会，强烈要求国民政府出师北伐，打倒北洋军阀。为扩大宣传的声势，广东党、团区委委派大批党、团员深入各界团体，开展关于北伐的目的、意义等的宣传。

1926年6月4日，国民党中央执行委员会召开临时全体会议，通过出师北伐案。7月9日，国民革命军在广州誓师北伐。陈延年以国民革命军总政治部的名义，在中山大学内举办了一期战时政治训练班，为北伐培养军事政治工作人员。由恽代英、萧楚女、邓中夏、苏兆征、沈雁冰等人担任教员，周恩来担任班主任。陈延年对该班十分重视，亲自过问。他还和周恩来等商量，将被蒋介石排挤出来的黄埔军校学员及国民革命军第一军的政治工作人员，分派到北伐军各军和长江流域各省工作，以加强各军

国民革命军在广州东校场举行北伐誓师大会

及北伐前线各省的革命力量。

鉴于相关军事行动已经展开，党中央通告全党在北伐进程中要发展工农的力量，发展人民的力量。7月31日，党中央发布《中央通告第一号——反吴战争中我们应如何工作》，指出北伐战争是"制止反赤运动的战争，是为民众争自由而战，应该由民众积极的起来推动这个北伐，响应这个北伐"。通告还要求广东区委要鼓动民众赞助北伐，同时，要保护民众的自由与利益。遵照中央通告精神，广东区委积极组织民众支援北伐。

在广东区委的领导下，省港罢工委员会特别组织了北伐运输委员会。为支援北伐，经过区委和全总罢工党团的决定，由省港罢工委员会号召组织罢工工人支援北伐运输队 3000 千余人，还组织了卫生队和宣传队，分配到各军，长途肩挑跋涉，随军长征。广东区委和全国铁路总工会发动广九、广三、粤汉三大铁路工人和香港金属业工人组织了铁路交通队，随军北伐，以备沿途修复铁道交通。陈延年高度赞扬工农群众的革命热情，对一位省港罢工委员会的代表说："工农群众的热情真高啦！争着报名随军。他们都说，天天喊打倒帝国主义，打倒军阀，现在去打了，为什么不让我们当兵拿枪去跟他们拼呢？"他又说："我们有这么多有组织的工农群众，只要领导得好，军民联合起来就行了，何况现在是全国人民反帝反军阀的高潮时候嘛！"由于党领导和组织了久经革命锻炼的工人阶级强大队伍，在军事后勤上，在联系地方工农群众上，作了强有力的支援，才使北伐军事得以迅速进展，击溃敌军。

北伐军出师后，陈延年留在广东，继续领导广东区委工作，一方面大力支援北伐战争，另一方面对国民党右派以及豪绅地主破坏北伐、破坏革命统一战线的活动进行了有力的斗争。

国民革命军出师北伐后，在广东的国民党右派，借口"一切为了北伐战争"，压制工农运动。工人、农民和城市平民的反抗斗争不仅得不到政府保护，反而遭到了镇压。陈延年等区委领导

省港罢工工人运输队

人，领导工农群众与国民党右派进行了坚决斗争。他批驳国民
党右派分子对工农群众运动的攻击，指出："我们在许多的事实
里，只看见被压迫的劳苦群众仅仅为要求团结而牺牲；为稍稍改
善其悔苦的生活来参加国民革命而牺牲，并找不到一件事实可以
证明他们是只顾自己一部分的利益，不顾整个革命的利益；更找
不到一件事实可以证明他们是在一个革命的领导之下进行这种斗
争，妨害了整个革命运动；更找不到一件事实可以证明他们得了
自己的利，就不肯努力整个的国民革命运动。""适得其反，只能
证明他们的奋斗，他们的牺牲，他们在国民革命中为其应得的利

益斗争时，同时推进了整个的革命运动，增加了整个革命力量。"一些在地方从事工农群众运动的同志，担心用以训练工人纠察队和农民自卫军的枪支，可能会被反动当局收缴，特来广东区委请示如何处理，陈延年对他们说："掌握在工人、农民手里的枪支武器，应好好地保管，必要时应把它埋藏起来，决不能令反动派夺走。"

国民政府北迁武汉后，国民党右派加紧了对工农群众运动的压制，与地主豪绅、地主民团、反动军官勾结，捣毁农会，破坏群众运动。1926 年 12 月 6 日，国民党中央政治委员会在右派控制下，颁布了关于限制罢工及处置工会纠纷的布告。对此，陈延年和邓中夏、苏兆征、刘尔崧等人磋商，决定以中华全国总工会、省港罢工委员会以及广州工人代表会名义，联合发表声明，并再次向政府请愿，反对压制工人运动，要求保障工人利益。经过广大工人群众的坚决斗争，这一布告未能实施。

共产党人的优秀品格

陈延年同志是中国共产党的优秀党员，是一个卓越的无产阶级政治活动家。他具有立场坚定、机智果敢、艰苦朴素、谦虚诚实等优良品德。陈延年在广东工作的两年多的时间里，以出色的工作对革命做出了重大贡献，赢得了党内外人士的称赞。

毛泽东称赞他说："在中国，本来各种人才都很缺乏，特别是在C.P.（指中国共产党）党内，因为C.P.的历史根本没有几年，所以人才就更缺乏。象延年，的确是不可多得的人才。在许多地方，我看出了他的天才。"周恩来称赞他说"广东的党团结得很好，党内生活也搞得好，延年在这方面的贡献是很大的"。董必武也称赞"延年是党内不可多得的政治家"。

陈延年态度和蔼、诚恳，待人亲切，善于和同志们团结共事。他对中央派来广东工作的同志和广东区委各部门负责同志非常尊重。陈延年敬佩毛泽东，经常向毛泽东虚心请教。一天，陈延年对区委的同志说："毛润之同志气度沉宏，对中国农民问题有精深的见解，特别对中国农民斗争问题有很深入的研究，这非常重要。农民问题是列宁主义的极重要部分，是争取革命胜利的极重要条件。"周恩来是陈延年敬佩的亲密战友。陈延年称赞周恩来说："恩来同志聪明英俊，是我们党很出色的政治家。"陈延年与邓中夏是亲密的战友，他尊重邓中夏对省港罢工问题的处理策略，他评价说："中夏同志聪颖多智，是工人阶级很好的战略家。"陈延年认为恽代英是党内卓越的能讲能写的政治宣传教育家，对广东的政治宣传教育起了很大的影响作用。在工人党员中，陈延年最为敬重苏兆征，认为他党性强，工作踏实，任劳任怨，是不辞劳苦的极优秀的工人领袖。老工人党员林伟民养病在

毛泽东

家，陈延年亲自登门慰问。在农民运动领袖中，陈延年很敬重彭湃，认为他是很有号召力的农民运动领袖。由于陈延年和区委同志们的共同努力，区委的工作才在两三年内取得了较大的发展。

陈延年非常注意做团结鲁迅的工作。1926年秋，中山大学邀请鲁迅来校担任文学院院长，鲁迅复电同意来粤。当时，陈延年直接抓中山大学党的工作，抓得很紧。陈延年认为虽然鲁迅是"自由人"（指知识分子），但不是一般"自由人"，而是彻底反封建的知识分子，应该好好地做工作，团结他，同右派斗争。为此，陈延年决定由区委学生运动委员会副书记、中山大学学生会主席毕磊负责与鲁迅联系。1927年1月19日，鲁迅从厦门抵达广州。陈延年指示中山大学党总支的同志要把党主办的刊物经常给鲁迅送去。由于毕磊等经常向鲁迅介绍党内情况，鲁迅对我们党的了解逐渐加深，有了深厚的感情。有一回，鲁迅和徐彬如（徐文雅）谈起党的事情，问陈延年是否负责广东党的工作，还说陈延年是他的"老仁侄"，人很聪明。陈延年听说后，也说鲁迅是他的父执。不久，鲁迅向毕磊表示希望与陈延年见面，陈延年听到毕磊的反映，立即表示同意，后来鲁迅和陈延年就作了一次秘密会见。陈延年对鲁迅关怀备至，当他离开广东时，还一再叮嘱毕磊和徐彬如说，"鲁迅是我们党真正的朋友"，要继续做好团结鲁迅的工作。

陈延年在广州时，同当时旅居广州、帮助中国革命的外国同志和友人也时有接触，并与他们建立了革命友谊，特别是和当时在广州进行革命活动的越南革命家胡志明交往更为密切。胡志明是陈延年的入党介绍人，两人非常熟悉。他经常到区委与周恩来、陈延年商谈有关培养和组织越南革命力量等的问题。

陈延年平易近人，讲话和气、讲理。处理问题时，谦虚认真，能耐心听取别人意见。当有同志汇报时，他一般会深入询问，了解情况，从不打断别人的说话，轻易不提异议。汇报结束后，他会问问"你对这问题的意见怎样？"经过一番反复商量研

鲁迅与许广平等
在广州合影

究后，才作出决定性的答复。遇到疑难问题，不能立即作出决定时，总是说"再研究研究，考虑考虑"。有关重要政治问题，总是与鲍罗廷顾问或共产国际驻广州代表商量。有关省港罢工问题，总是邀请邓中夏、苏兆征一同去，经过商量妥定后，然后回来再召开区委会议或罢工党团，或有关部委负责工作同志开小会，作出决定性的措施。

陈延年日常作报告时，深思熟虑，不写稿子，善于综合在职工运动、农民运动和政治斗争中的总结，话语从心坎中滚出来，说话时挥动手势，对同志们善用鼓励奋勉的语调，令人感动。谭平山与陈延年长期共事，他发现陈延年有很多优点，称赞道："我最喜欢听陈延年同志作报告和讲话，因为他分析问题全面、深刻、客观、稳健、中肯，理论水平确实不错，使人听后受到启发和帮助。"陈延年文华出众，在法国编《工余》，很会写文章，但他不愿亲自写文章，书面报告也是别人帮他写的。郑超麟曾帮陈延年代写过报告，回忆说："他总是口头讲，要我作记录。他在亭子间里，边走边说，我就把他的话一句一句地记下来。整理后一看就是一篇很好的报告。"

陈延年生活朴素，作风正派，修养很好，是一位德才兼备的好干部。冬天就是一套粗绒服，夏天两三套灰布衣服，经常穿着有筒皮鞋，不穿袜子，他说为着节约，在苏联时已习惯了。平时与区委同志们同饮食，共甘苦，每月领取 30 元的生活费，除喜欢抽香烟外，没有其他任何消费娱乐。当时区委同志们称颂他的朴素生活作风为"六不作风"，即不影相，不看戏，不闲游，不上馆子，不讲穿着，不作私交。他听了为之一笑说："为着做好革命工作，应该这样呀！"他工作起来废寝忘食、昼夜不停。他吃在省委、睡在省委，与炊事员一起生活，没有女朋友，全部精力用在工作。平时经常剃个平头。一位苏联同志评价他说：延年不但思想无产阶级化，而且相貌也无产阶级化了。

陈延年在广东区委机关的办公室

　　陈延年在学习上也是孜孜不倦，刻苦钻研。陈延年的办公桌上和床头床尾都满放着书籍、报纸、杂志，一有空闲时间，他就手不释卷地学习。有时夜深人静，人们都已睡熟，他一个人还在桌子边工作或看书、报纸和杂志。

视死如归的革命者

CHEN YANNIAN

逆行上海

1927 年春，国民革命军已打到长江流域，国民政府也由广州迁往武汉。这时，中共中央决定在武汉召开中国共产党第五次全国代表大会。2 月间，中共广东区委根据中央通知召开会议，选举陈延年、苏兆征、黄平、区梦觉等作为广东代表出席大会。3 月底，陈延年、苏兆征、黄平、区梦觉等以及 3 位团的代表同路，由广州出发，步行到韶关，又过九峰山到了湖南耒阳，然后坐小船经衡阳到长沙，在长沙坐火车到武汉，总共走了 10 多天。

4 月初，代表团到达武汉。从 4 月 4 日起，在武汉连续召开共产国际代表、中央委员以及湖北区委的联席会议，陈延年参加了这些会议。会议决定召开中共五大的日期，同时还通过一个以准备反蒋为中心内容的《中央关于沪区工作的决议案》，并决定派李立三、陈延年和共产国际代表维经斯基到上海贯彻执行，由他们三人与赵世炎、周恩来组成特务委员会。4 月 10 日的中央会议议决 "上海党委员会的临时书记为陈延年"。在五大召开前后，代表中一度有人推荐陈延年取代陈独秀担任总书记，但陈延年没有同意。

陈延年等接受中央委托后，立即前往上海。他们途经南京时，获悉蒋介石在上海发动了四一二反革命政变，连夜搭乘火车到上海。几经周折，才找到上海区委书记罗亦农及赵世炎等人。

当时上海形势异常危急。4月12日，蒋介石突然在上海发动反革命政变，用暴力手段实行"清党"。凌晨，蒋介石指使流氓头子黄金荣等组织的中华共进会流氓伪装成工人，袭击工人纠察队，蒋介石部队借口调处，强行收缴工人纠察队枪械。从12日至15日，上海有300多工人被杀，500多人被捕，5000多人失

1927年4月12日，上海群众集会游行抗议军队收缴工人武装

陈延年画传

踪，上海处于一片白色恐怖之中。

李立三等到上海后，特务委员会加上罗亦农和3个苏联同志，共9人。特委会4月16日、18日召开两次重要会议。参加会议的有陈延年、李立三、罗亦农、赵世炎、周恩来、尹宽等。4月16日会议主要讨论中共中央关于准备反蒋的新方针及上海区委如何执行中央方针的问题。周恩来、赵世炎、罗亦农、陈延年等先后作重要发言。周恩来的意见是特委会致电武汉中共中央时应指出两点：政治上，要指明上海暴动后党有右倾错误，如继续非常危险。在此次屠杀中可以看出蒋介石只是对我们表面和缓，实际是准备整个打击。但我们事前太和缓，没有好好进行反蒋宣传，以致在民众中有不良影响，甚至影响到武汉与共产国际都趋于和缓。如果武汉方面仍继续此种和缓空气，各方面损失会很大。军事上，武汉方面没有制定出对付蒋介石的积极方策，并担忧他军事力量太大，而主张先北伐，这是不正确的。应当要求武汉尽快决定攻打东南的方策，解决蒋介石后再北伐。

陈延年表示完全赞同周恩来的意见，他指出在政治上我们应乘资产阶级政权尚未稳固前打击蒋介石，才有胜利的希望，如果再延缓，资产阶级的政权一经稳固，我们就无法可打；在军事上，武汉方面第一、第七军可开拔南下，他们预备四万支枪到南京。

会议一致决定由周恩来根据讨论的意见起草给中央的电文。周恩来草拟了《迅速出师讨伐蒋介石》的意见书，由陈延年、周恩来、罗亦农、赵世炎、李立三等共同署名。电文分析了四一二反革命政变以后的国内政治形势，提出武汉方面如再犹豫，图谋和缓或者预备长期战斗，那么蒋介石的东南政权将更为稳固，与

周恩来等起草的
意见书原稿

　　　　　　　　　　　陈延年画传

帝国主义的关系更为深厚，其所占据的广东、上海等富裕地区将为蒋政权提供源源不断的财源，这样政权领导将归于右派，整个革命将陷于失败。电文提出了促使武汉政府"迅速出师，直指南京"，东征讨蒋的正确主张。电文还分析了当时敌我双方的力量对比，说明只要下定决心，胜利是有把握的。

4月18日，在特务委员会召开的第二次会议上，陈延年再次强调务必要"乘蒋势力未稳固前打倒他"，希望"沪区同志集中力量准备反蒋"。为此，"应即规定具体的计划，尤其要共同讨论一个政纲"。在军事方面，他认为"不能简单的希望武汉来，而

罗亦农

中共五大场景

是上海也要自己有工作"。他强调指出："国民党、农民等工作都很重要，也要特别提出研究。"

4月22日，李立三、罗亦农等离开上海到武汉出席党的五大，陈延年接替罗亦农担任上海区委书记。4月27日至5月9日，中共五大在武汉召开。陈延年没有参加五大，被大会选为中央委员。

领导江浙地区党的工作

陈延年担任上海区委书记后，负责区委全面工作，并兼管与

赵世炎旧居

国民党左派联络的统一战线工作。赵世炎担任区委组织部长，主要分管组织和工会工作。在区委工作的还有余泽鸿、门启宗、宛志初、郝兆先、张振亚、孙诗圃等。四一二反革命政变发生后，党和工会的大量组织遭到破坏，党团员和革命群众不断地被捕和牺牲。陈延年与上海区委的同志们冒着生命危险，用尽一切力量恢复和整顿党和工会的组织，团结和巩固革命力量。

1927年5月，陈延年搬至位于多伦路189号的赵世炎家居住。他和赵世炎每天天刚亮就起床，利用早饭前的时间商量工作。早饭后，就出门工作。陈延年多半时间在北四川路施高塔路恒丰里104号（现山阴路恒丰里90号）区委机关，与同志们商讨工作，布置任务。由于工作太忙，他往往不能按时回家吃饭。晚上多在家看文件、研究工作，或和赵世炎、王若飞等同志开小会，几乎每天忙到深夜12点以后。赵世炎谈起陈延年的工作生活时说："延年同志是一个只知道工作，不知道生活的人；工作起来常常废寝忘食。"陈延年善于把别人的意见和他自己的意见综合起来，用几句很精辟的话就把问题解决了。有一次散会后，赵世炎对他的妻子夏之栩说："孔夫子会称赞他的一个弟子说'夫人不言，言必有中'，你能领会这句话的精神吗？"赵世炎以此比喻陈延年不多说话，说起话来都是有道理的。

四一二反革命政变以来，不仅上海的党组织被破坏，江浙地区各级党组织也陆续被破坏，大批党员遭屠杀。在政变后的一个多月里，南京地委遭到破坏。为了恢复南京地委，陈延年经过反复考虑，1927年6月选派黄逸峰（黄国材）任南京地委书记。出发前，陈延年布置了具体任务，语重心长地说：一个共产党员，特别是党的干部，不仅要在革命顺利时积极工作，在革命遭受挫折时更应该立场坚定、勇挑重担；同时指出在斗争中一定要注意策略，要做艰苦深入的工作，争取尽快打开新局面。黄逸峰一直牢记陈延年的嘱托，为恢复和发展党的组织而努力。

陈延年将自己的生命安全置之度外，但对党组织和同志们的安全非常重视。起初，好几个党的秘密机关设在同一个弄堂，离得比较近，工作中联系比较方便，但很不安全。陈延年了解这一情况后，立即决定将这些机关分散开。他还向同志们提出，绝对不能因为贪图方便而忘了大家的安全。

有些同志当时住在天目路庆祥里16号，这处房子实际成了党的一处对外联络的机关。但后来这个机关被巡捕房侦察到了，巡捕便来捕人和搜查，捕去一位同志。有位同志因外出而脱险。这位同志负责代管一部分党的经费，他的存折和取款用的图章放在房间里。事发后，他非常担心存折和图章被敌人搜去。开始几天，他不敢回去看。过了几天，他看没什么动静，没有向陈延年请示，便擅自偷偷地潜回庆祥里去找存折和图章。事后，陈延年和赵世炎知道了这件事。他们十分生气，立即找这位同志谈话。谈话中，陈延年首先肯定他不怕危险，关心党的组织和经费是好的，然后又严肃批评他不遵守党的纪律、贸然行动的错误。陈延年说："你冒着生命危险去取组织上的东西，这不能讲不对，但这样做对党的组织却是十分危险的。损失几百元钱，这毕竟是有限的。可是如果你出了事，被敌人逮捕了，你知道将会给党带来多少麻烦！当然，我们相信你不会叛变，但你毕竟是党的交通，你一旦被捕，必然牵涉党的许多机构，党组织必须作一系列变动，那将要作多少工作！"他还特别指出，今后再不能干这种事前不请示，无组织无纪律的事了。陈延年入情入理的批评使这位同志难过得哭了起来，表示今后一定吸取教训，不能冒失行动。

陈延年在上海时，工作繁忙，个人生活却非常简朴。他每月只拿二十几元钱的津贴费，和一般同志一样，吃饭、穿衣都很节省。他一心忙于工作，没有时间考虑个人的私事。但他对别的同志的生活却非常关心。当时，党的活动经费不多，每个脱产工作人员的津贴都较低，单身一人还可以，有家庭负担的同志生活就比较困难。区委机关有一个管青年工作的张振亚，他的爱人要生孩子了，经济比较紧张。管财务的工作人员仍按规定发给张振亚固定的津贴费。陈延年知道这一情况后，便嘱咐工作人员，应该多发一点津贴费给他，以解决他的实际困难。

有一次，一位在广东从事革命工作的谭天度来到上海找寻党组织接头。陈延年接见了他，并向他了解广东方面的情况。当时，国民党反动派在广东发动"四一五"反革命政变，白色恐怖笼罩广东全省。陈延年说："我们这次受到严重的损失，就是由于思想幼稚，斗争经验不足，这些血的教训应好好地记取。"陈延年鼓励他说，"共产党员到什么地方都是搞革命"，"我们不要为敌人的淫威所吓倒，不要因革命的暂时失利而气馁，革命斗争是长期的，广大的工农群众是我们的，只要我们善于总结教训，最后的胜利，不是属于敌人，而是属于我们"。

英雄被捕

中共五大后，根据6月1日中央政治局会议通过的《中国共产党第三次修正章程决案》，中共中央对各地组织机构作了一些调整，决定撤销中共上海区委，分别成立中共江苏省委和中共浙江省委。这部新党章还规定："省委员会所在之市，该市不另组市委员会，该市之区委员会，直接隶属于省委员会"，因此江苏省委同时也兼上海市委。江苏省委由原上海区委代理书记陈延年为书记，组织部长郭伯和，宣传部长王若飞，秘书长韩步先。

新组建的江苏省委很快遭到国民党反动当局的极力扼杀。由于叛徒束炳澍的出卖，6月25日、26日，党的多处机关遭到破坏。25日，福州路平望街荣阳里41号、望志路永吉里35号、辣斐德路陆苏记成衣店三处党的秘密机关被破坏，一批工作人员被捕。26日上午，江苏省委在江苏省委机关召开干部会议，获悉秘密机关被破坏、交通员被捕的消息后，立即结束会议，与会者陆续离去。下午，陈延年、郭伯和等担心机关的安全，又回恒丰里探视。他们见机关并未出事，便上楼继续研究工作。但当日党的2名交通员来荣阳里41号递送文件时，被等候他们的敌人抓捕

1927 年中共江苏省委旧址

了，交通员泄露了江苏省委机关的位置。国民党反动当局很快包围江苏省委机关，进入宅内搜捕。陈延年等人奋力拒捕，以桌椅板凳为武器，与敌人英勇博斗，终因寡不敌众，除 2 名同志逃脱外，陈延年、黄竞西等 4 人被捕。《申报》事后报道了当时的情形："于是双方扭打，以致精疲力尽，皮破血流，衣服等亦均为之撕破。结果，被逃二人，捕获四人，即朱立先、张楚鉴、陈友生（即陈延年，陈独秀之子）、吴福民（即黄竞西）。"国民党反动当局要员国民革命军警备队司令杨虎、26 军政治部主任陈群直接参与指挥了这次大逮捕。

陈延年等被捕后，被敌人押往设于新西区枫林桥的总司令部驻沪特别军法处。当时，枫林桥一带是江苏和上海的政治重地。此前，有两个政府机构设置于此。一是江苏特派对外交涉使公署，一是上海道尹公署。前者在今平江路48号，道署在交署东侧。1927年北伐军总司令蒋介石抵达上海期间，驻于枫林桥交涉使公署，寝于道尹公署，时称总部行营。后来两署打通，更不分彼此。总司令部驻沪特别军法处成立于1927年5月，就设在道尹公署。陈延年随后被关押在枫林桥监狱。枫林桥监狱有两部分，主要建筑部分在交涉使公署；另一部分在枫林路（桥堍）两侧军队征用的私人别墅院内。陈延年、黄竞西等就关押在交涉使公署院内。监狱为砖木结构平屋，较为简陋。牢房为一排4间，与平江路平行。外筑灰白高墙，中间是个不太大的院子，有时叛徒躲在卫兵用房中，让被捕者在院内缓缓转圈走动，以供叛徒指认。被捕者在里面可以相互走动，只是大门终日紧锁，门口设一大缸，盛一定数量的水，供被捕者从木栅栏门内伸手舀水饮用或洗刷之用。此处看守极严，除卫兵外还有荷枪实弹的兵士24小时巡逻。

枫林桥监狱的审讯室本质上是刑讯室。审讯程序草率，体罚严酷，量刑从严从快。初次审讯，不问青红皂白，先过一顿皮

交涉使署旧址

鞭。如果闭口不谈，那么再加以其他酷刑。与陈延年等一起被捕的省委组织部长郭伯和，生前在狱中曾嘱托随后关进的被捕者："既然进来就得说一点，以蒙混过关。闭口不谈是不行的，谁该说什么，不该说什么，一定有个原则，不能伤害同志，更不能危害组织"。与郭伯和同时被捕的江苏省委秘书长韩步先，在审判受刑时坚持了一阵子，但最终意志被摧垮，当了叛徒。

陈延年被捕后，化名陈友生，自称是受雇于人的茶房。因他身穿短衣，与一般做粗活的工人无异，故敌人信以为真。赵世炎获得陈延年等人被捕的消息后，立即与王若飞一起商量营救办法。党组织立即通过人道互济会的同志与敌办案人员交涉，准备以 800 元将他赎出，敌方亦已答应。但由于韩步先的叛变，供出了陈延年的姓名和职务，一切营救都无效了。韩步先还供出了赵世炎的住址，导致赵世炎几天后被捕，随后遇难。

国民党右派人物吴稚晖得悉陈延年被捕后，致函杨虎"贺喜"，"今日闻尊处捕获陈独秀之子延年……不觉称快。先生真天人，如此之巨憝就逮，佩贺之至。"吴稚晖恶毒诽谤陈延年"恃智肆恶，过于其父百倍"，并向杨虎施压，"此人审判已定、必当宣布罪状、明正典刑"。

血性就义

陈延年在狱中与敌人进行了顽强的斗争。敌人用尽酷刑，把他折磨得体无完肤。钢铁般意志的陈延年，无论敌人使出什么办法，他绝不透露一丁点党的秘密。

26 日当天，国民党 26 军政治部即已将大搜捕经过上报国民党南京当局，向蒋介石请示处理意见。蒋介石 29 日发来复电，"嘉许"该部。敌人从陈延年身上得不到有意义的东西，在收到蒋介石的回电后，决定将其杀害。

陈延年被秘密处死的时间是 29 日夜或 30 日，牺牲地点在枫林桥监狱附近的刑场。对于陈延年的牺牲，原在上海工作的张维帧、苏爱吾后来回忆说：

> 陈延年同志在临死的时候异常壮烈，当敌人要他下跪时，他直立不屈，并高呼口号，虽被几个执刑的士兵用暴力将其按下，但当其松手挥刀时，延年同志即突然一跃而起，故这一刀并未砍着颈项，以此遂被凶手等按在地下用乱刀剁死。

陈延年在就义前，高呼"打倒反动军阀头子蒋介石！""中国共产党万岁！"等革命口号。他曾说过"如果怕死就不要做共产党！"面对敌人的屠刀，他宁死不屈、视死如归，陈延年同志是一名真正的共产党员。陈延年牺牲后，组织上曾设法取回延年的遗体，但国民党反动派不允许，至今遗骸下落不明。陈延年牺牲时，年仅 29 岁。

陈延年被害后，国民党反动派弹冠相庆，函电往来，相互庆贺。6 月 30 日，杨虎、陈群在杀害陈延年等后，致电蒋介石。电文如下：

　　　　　　　　　　　　　陈延年画传

龙华烈士陵园陈延年纪念墓

国急。南京总司令蒋钧鉴：新呈密。本月廿五、六两日续连破获江苏伪省党部机关数处，计获重要逆要九名，内有陈□□，为陈独秀之子，充任伪省党部秘书，张力系伪农民部特派员，朱盘畴系伪农民部秘书，黄竞西系伪商民部长，姚振系伪交通主任，均经审明处死，余犯尚在严讯中，省党部已完全扑灭，请释念。职杨虎、陈群叩。陷。印。

文中"陈□□"显然是指陈延年。电报日期为6月30日

（民国时期以当日电报编码来代称日期，陷电即 30 日电文）。7 月
2 日，杨虎致函吴稚晖，污蔑陈延年"阴鸷凶狠，巨憝中之巨憝
也"。陈延年牺牲不久，国民党上海警备司令部向各大媒体提供
新闻稿，颠倒黑白，无中生有。新闻稿竟说陈延年后悔不已，亲
作悔过书，供出党内秘密并大力批评党。国民党反动当局凭空捏
造，令人不齿。

陈延年的牺牲，对他的父亲陈独秀无疑是一个沉痛的打击。
陈独秀得知延年被害的消息后，一连几天沉默不语。在陈延年逝
世后的第二年，他的胞弟陈乔年也在上海被国民党反动派杀害，

陈乔年

年仅 26 岁。他们的好友汪原放解放后写过一首小诗，以此表达对兄弟二人的追思："枫林桥畔待车时，磊落英姿仔细思；血肉欲寻何处是？斑斑点点在红旗！"

　　1927 年 10 月 24 日，《布尔塞维克》在上海出版。这是中央迁至上海后出版的第一份党刊。该刊第一期第一篇文章是《悼赵世炎陈延年及其他死于国民党刽子手的同志！》，指出："赵世炎、陈延年二同志之死，是中国革命最大的损失之一。中国无产阶级从此失去了二个勇敢而有力的领袖，中国共产党从此失去了二个

安庆陈延年雕塑

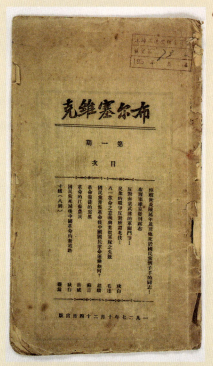

《布尔塞维克》第1期
刊文纪念陈延年等烈士

革命牺牲军人家属光荣纪念证

　　　　　　　　　　　　　　　　　　　　陈延年画传

陈延年纪念邮票

忠实而努力的战士。"文章高度评价了赵、陈两烈士对中国革命作出的伟大贡献，称赞陈延年是"粤港无产阶级有力的指导者"。号召全党同志继承烈士遗志，"中国无产阶级及其政党誓言为他们的首领和战士报仇！"叛徒束炳澍由于出卖"有功"，很快被任命为国民党第 26 军政治部特务员。8 月 23 日，党领导的特工人员在上海虬江路新兴茶楼将其击毙。

1928 年 11 月 25 日，中共广东省委第二次扩大会议发出了关于《纪念死难诸先烈》的特别通告，把陈延年列在诸先烈名单中的首位。通告指出：陈延年等烈士的牺牲"是中国革命很大的损失"。这些烈士都是全国的伟大的革命领袖，他们为了中国无产阶级与贫苦工农的解放流血。为了中国无产阶级与贫苦工农的解放流血。"我们要踏着他们的血迹前进，以完成他们未了的志愿"。

1954 年元月，中华人民共和国中央人民政府给陈松年颁发了"革命牺牲军人家庭光荣纪念证"，确认陈延年和陈乔年两同志是在革命斗争中光荣牺牲的，他们的丰功伟绩永垂不朽，他们的家属应当受到社会的尊崇。

2009 年 9 月，新中国成立 60 周年前夕，陈延年被中共中央宣传部、中央组织部等 11 个部门评选为"100 位为新中国成立作出突出贡献的英雄模范人物"。

陈延年大事年表

1898 年

出生于安徽安庆。

1914 年至 1916 年

到北京求学，入北京法文高等学堂学习。

1917 年至 1918 年

入上海法租界法文协会学校学习。

1919 年

1 月　与黄凌霜、郑佩刚等在上海组织无政府主义团体进化社，编辑《进化》杂志。5 月，《进化》遭当局封禁。

5 月 4 日　五四运动在北京爆发。

12 月 25 日　离沪赴法勤工俭学。

本年　考入上海震旦大学院。（也可能在上海法文翻译学校读书。）

1920 年

1 月 28 日　抵达法国马赛。

2 月 3 日　到达法国巴黎。后入巴黎大学附设的巴黎法文协会学习。不久，转入法国圣梅桑的一所中学学习法语。

6月　陈独秀等在上海环龙路老渔阳里2号开会，决定成立共产党组织，初名社会共产党，陈独秀任书记。不久在李大钊的建议下定名为共产党。因其在党的创建中发挥组织发起的作用，史称中国共产党发起组。

1921年

2月28日　留法勤工俭学生在巴黎发动"二·二八"示威运动。

春　旅法中共早期组织在巴黎成立，张申府为负责人。

6月至8月　留法勤工俭学生发动拒款斗争。

7月23日　中国共产党第一次全国代表大会在上海望志路106号开幕。中共一大宣告中国共产党正式成立。

9月　留法勤工俭学生发动进驻里昂中法大学的运动。

1922年

1月　主编宣传无政府主义观点的《工余》杂志。

3月20日　受李合林枪击中国驻法公使陈箓事件影响，对无政府主义产生动摇，开始逐渐转向信仰共产主义。

5月5日至10日　中国社会主义青年团第一次全国代表大会在广州召开。中国社会主义青年团正式成立。

6月3日　参加在巴黎举行的旅欧中国少年共产党（后定名

为中国共产主义青年团旅欧支部）成立大会。

8月　参加少共机关刊物《少年》杂志的编辑工作。

9月　经胡志明介绍，加入法国共产党。不久，中共中央派廖焕星带信赴法，正式承认法共的中国同志为中国共产党党员。

10月　在巴黎参加旅欧中国少年共产党召开的会议。会议举行总投票，决议加入中国社会主义青年团，并改选中央执行委员会，和赵世炎、王若飞、周恩来、尹宽五人当选。

1923年

2月17日至20日　在巴黎出席旅欧中国少年共产党临时代表大会。

3月18日　从巴黎出发赴莫斯科。

4月初　到达莫斯科。随后入东方大学学习。

4月28日　参加中共旅莫支部欢迎大会，旅莫支部再次确认了陈延年等中共党员的身份。

1924年

1月20日至30日　中国国民党在广州举行第一次全国代表大会。宣言重新解释"三民主义"，大会确认了共产党员以个人身份加入国民党的原则，事实上确立了联俄、联共、扶助农工三大政策。

7、8月间　从莫斯科回国。9月29日到上海。

10月上旬 抵达广州。担任中共广东区委秘书、组织部长，同时负责宣传委员会工作，一度兼任社会主义青年团中央驻粤特派员。

10月10日 广州商团袭击示威游行群众的"双十惨案"发生。惨案发生后，参加平定商团叛乱的武装斗争。

11月5日至12日 主持社会主义青年团广东区委代表大会，讨论团区委改选等问题。

11月 和周恩来等协助孙中山组建"建国陆海军大元帅府铁甲车队"。

1925 年

2月 广东革命政府决定东征讨伐陈炯明。陈延年等组织大批工农积极分子随军东征。

春 任中共广东区委书记，接替周恩来主持区委工作。

3、4月间 对飞机掩护队进行改组。

5月2日 以"陈东"的署名在《革命周刊》第1期发表《民族革命与工农阶级》一文。

5月8日 中共中央决定成立中共中央广州临时委员会（简称"广州临委"），由陈延年等5人组成，代表中央就近指导广东地区的一切实际工作。广州临委存在时间不长。

5月17日 应邀出席中国青年军人联合会在广州召开的该会第一次全体职员大会。

5月30日　上海3000多学生和部分工人组成演讲队，分头到租界各闹市区演讲和散发传单。公共租界英国巡捕在南京路上突然开枪，当场打死13人，伤者无数，造成震惊中外的五卅惨案。

5月31日　五卅惨案消息传到广州。晚上，主持召开广州市党团员大会，报告上海五卅惨案经过及广东时局，决定发起声援上海人民的反帝斗争。

6月2日　领导广州各界群众在广东大学开群众大会，会后举行示威大游行。

6月12日　发动和组织工农武装配合回师广州的东征军平定杨希闵、刘震寰叛乱。

6月15日　广东区委在陈延年的主持下，发布《告广东人民书》，动员各界罢工。

6月19日　省港大罢工爆发。

6月23日　与周恩来等领导广州各界群众和省港罢工工人5万余人举行反英示威游行，遭沙面租界的英国军警开枪扫射，打死52人，重伤170多人，这就是骇人听闻的"沙基惨案"。当天，陈延年主持召开区委紧急会议，研究对策。

7月3日　省港罢工委员会成立。

8月20日　廖仲恺遇刺身亡。

10月上旬　国民革命军举行第二次东征。陈延年派杨石魂、刘锦汉、廖其清、廖伯鸿、方达史等党团员，率领岭东革命同志会部分成员进入潮汕地区，与当地党团组织结合，发动群众，开展反对军阀陈炯明的斗争。

10月9日　在第33次省港罢工工人代表大会上作政治报告。

10月下旬　国民革命军南讨邓本殷。陈延年派黄学增、王文明、杨善集等前往南路、琼崖地区发动群众，配合南讨。

11月　广东区委于肇庆建立党直接领导的以共产党员和共青团员为骨干的独立团。叶挺任团长。

1926年

1月1日至19日　国民党第二次全国代表大会在广州召开。

2月7日　广东区委机关刊物《人民周刊》创刊，由张太雷任主编，陈延年亲自审阅和修改稿件。

2月21日至24日　在北京参加中共中央特别会议，讨论国民政府北伐等问题。

3月中旬　参加党中央特别会议后从北京回到广州。

3月20日　中山舰事件发生。事件发生后，陈延年与毛泽东、苏联军事顾问团一起商讨对策。陈延年召开区委紧急会议，主张对蒋介石反击。

4月2日　代表广东区委，在国民党中央党部第17次常务会议上，发表《关于国民革命的声明》，积极主张北伐。

5月15日　蒋介石在国民党二届二中全会上抛出"整理党务案"。陈延年主持召开区委会议，研究对策，并向中央作了报告，要求抵制。

7月9日　国民革命军在广州誓师北伐。陈延年组织铁路工人帮助北伐军运输。

7月12日至18日　在上海参加党的第三次扩大执行委员会会议，会议讨论确定北伐战争中党的组织路线、国共合作策略、民众运动的政策等。

9月28日　以"年"的笔名，在广东区委出版内部刊物《我们的生活》创刊号上发表题为《告同志》的创刊词。

10月10日　省港大罢工宣告胜利结束。在陈延年支持下，广东区委发表《为省港罢工自动的停止封锁宣言》。

11月25日　以林木的笔名，在《人民周刊》发表《忍不住了！》。

1927年

1月13日　鲁迅到广州中山大学任教。陈延年指示毕磊与鲁迅联系。不久，陈延年和鲁迅秘密会见。

2月7日　广东区委领导下的学生运动委员会创办《WHAT TO DO?（做什么？）》，陈延年为该刊定名，并撰写《我们应该做什么？》的发刊词。

3月底　赴武汉参加中国共产党第五次全国代表大会。

4月上旬　抵达武汉，参加中共中央在武汉召开的政治局会议。会议通过一个以准备反蒋为中心内容的《中央关于沪区工作的决议案》。4月10日的中央会议议决陈延年担任上海区委临时书记。几天后，陈延年等到达上海。

4月12日　蒋介石在上海发动反革命政变。

4月16日　党的特委会召开会议。李立三指出，中央局决定成立特委会，陈延年任上海区委代理书记。周恩来、赵世炎、罗亦农、陈延年、李立三等致电中共中央，建议武汉国民政府应迅速出兵东征讨蒋。

4月18日　党的特委会举行第二次会议，陈延年作了发言。

4月下旬　中共上海区委书记罗亦农赴武汉参加党的五大，陈延年接任上海区委书记。

4月27日至5月9日　中共五大在武汉召开。陈延年当选为中央委员。

6月上旬　中共中央决定撤销中共上海区委，分别成立中共江苏省委和中共浙江省委。陈延年任江苏省委书记。

6月26日　在上海原施高塔路恒丰里104号江苏省委机关被捕，随后被关入枫林桥监狱。

6月29日夜或30日　被国民党反动派杀害于枫林桥监狱附近的刑场。

参考文献

1. 中共中央马克思、恩格斯、列宁、斯大林著作编译局研究室编：《五四时期期刊介绍（二）》（上），三联书店1959年版。

2. 本社编：《鲁迅回忆录》，上海文艺出版社1978年版。

3.《周士第回忆录》，人民出版社1979年版。

4. 王云开著译：《五四时期的社团（四）》，三联书店1979年版。

5. 周恩来著；中共中央文献编辑委员会编辑：《周恩来选集》（上卷），人民出版社1980年版。

6. 清华大学中共党史教研组编：《赴法勤工俭学运动史料（第2册）》（上），北京出版社1980年版。

7. 中国社会科学院现代史研究室、中国革命博物馆党史研究室选编：《"一大"前后》（二），人民出版社1980年版。

8. 中国人民政治协商会议上海市委员会文史资料工作委员会：《文史资料选辑》1980年第3辑，上海人民出版社1980年版。

9. 中国人民政治协商会议广东省委员会文史资料研究委员

会：《广东文史资料（第29辑）》，广东人民出版社1980年版。

10. 张允侯：《留法勤工俭学运动》，上海人民出版社1980年版。

11. 安庆市历史学会、安庆市图书馆：《陈独秀研究参考资料》第1辑，1981年。

12. 魏宏运主编：《中国现代史资料选编》(1)，黑龙江人民出版社1981年版。

13. 中央档案馆编：《中共中央政治报告选辑》(1922—1926年)，中共中央党校出版社1981年版。

14. 清华大学中共党史教研组编：《赴法勤工俭学运动史料（第3册）》，北京出版社1981年。

15. 黄平：《往事回忆》，人民出版社1981年版。

16. 中国人民政治协商会议广东省委员会文史资料研究委员会，广东革命历史博物馆合编：《广东文史资料（第37辑）：黄埔军校回忆录专辑》，广东人民出版社1983年版。

17. 广东省档案馆、中共广东省委党史研究委员会办公室编：《广东区党、团研究史料（1921—1926）》，广东人民出版社1983年版。

18. （苏）卡尔图诺娃：《加伦在中国》，中国社会科学出版社1983年版。

19. 上海市档案馆编：《上海工人三次武装起义》，上海人民出版社1983年版。

20. 孙其明：《陈延年》，中共党史人物研究会编：中共党史人物传（第12卷），陕西人民出版社1983年版。

21. 中共广东省委党史资料征集委员会办公室编著：《广东党史资料（第1辑）》，广东人民出版社1983年版。

22. 萧三：《萧三文集》，新华出版社1983年版。

23. 唐金海、孔海珠、周春东、李玉珍编：《茅盾专集（第1卷）》（上），福建人民出版社1983年版。

24. 汪原放：《回忆亚东图书馆》，学林出版社1983年版。

25. 陕西省革命烈士事迹编纂委员会编：《四八烈士》，陕西人民出版社1983年版。

26. 包惠僧：《包惠僧回忆录》，人民出版社1983年版。

27. 中国革命博物馆整理：《吴虞日记》（上册），四川人民出版社1984年版。

28. 孙其明整理：《有关陈延年、陈乔年烈士的资料》，《安徽文史资料》第19辑，安徽人民出版社1984年版。

29. 葛懋春、蒋俊、李兴芝编：《无政府主义思想资料选》（下），北京大学出版社1984年版。

30. 黎显衡、林鸿暖、杨绍练：《陈延年》，广东人民出版社

1985 年版。

31. 中国革命博物馆编：《纪念周恩来》，文物出版社 1985 年版。

32. 中共广州市委党史资料征集研究委员会办公室编：《广州大革命时期回忆录选编》，广东人民出版社 1986 年版。

33. 中共广东省委党史研究委员会办公室等编：《南粤英雄传（第 2 辑）》，广东人民出版社 1986 年版。

34. 上海市烈士陵园史料室编：《上海烈士书简》，上海人民出版社 1987 年版。

35. 中共惠州市委党史办公室、中共紫金县委党史办公室编：《刘尔崧研究史料》，广东人民出版社 1989 年版。

36. 汤庭芬：《中国无政府主义研究》，法律出版社 1991 年版。

37. 张湘炳：《史海抔浪集》，天津社会科学院出版社 1993 年版。

38. 中共江苏省委组织部等编：《中国共产党江苏省组织史资料（1922.春—1987.10）》，南京出版社 1993 年版。

39.《所忆——张申府忆旧文选》，中国文史出版社 1993 年版。

40. 孙其明：《陈独秀：身世·婚恋·后代》，济南出版社

1995 年版。

41. 龙华烈士纪念馆编:《烈士与纪念馆研究(第 1 辑)》,上海社会科学院出版社 1996 年版。

42. 中共广东省委组织部、中共广东省委党史研究室、广东省档案馆编:《中国共产党广东省组织史资料》(上),中共党史出版社 1996 年版。

43. 中国革命博物馆编:《中国留法勤工俭学运动图录》,上海人民出版社 1997 年版。

44. 中共中央党史研究室第一研究部编:《共产国际、联共(布)与中国革命文献资料选辑(1926—1927)》(下),北京图书馆出版社 1998 年版。

45. 中共中央文献研究室、南开大学编:《周恩来早期文集》下卷,中央文献出版社、南开大学出版社 1998 年版。

46. 中共广东省委党史研究室著:《中国共产党广东地方史(第 1 卷)》,广东人民出版社 1999 年版。

47. 中共中央组织部,中共中央党史研究室,中央档案馆:《中国共产党组织史资料(第 1 卷)》,中共党史出版社 2000 年版。

48. 中央档案馆编:《中国共产党八十年珍贵档案(第 1 卷)》,中国档案出版社 2001 年版。

49. 广东省立中山图书馆编纂:《广东百年图录（上）》, 广东教育出版社 2002 年版。

50. 广东省立中山图书馆编:《民国广东大事记》, 羊城晚报出版社 2002 年版。

51. 广州市文化局、毛泽东同志主办农民运动讲习所旧址纪念馆编:《新民主主义革命时期中国共产党广州历史图录》, 广州出版社 2003 年版。

52. 郑超麟:《郑超麟回忆录》（上）, 东方出版社 2004 年版。

53. 郑超麟:《郑超麟回忆录》（下）, 东方出版社 2004 年版。

54. 张国焘:《我的回忆》（上）, 东方出版社 2004 年版。

55. 中共中央文献研究室任弼时研究组、新华出版社编:《任弼时画册》, 新华出版社 2004 年版。

56. 倪兴祥:《中国共产党创建史辞典》, 上海人民出版社 2006 年版。

57. 杨天石:《国民党人与前期中华民国》, 中国人民大学出版社 2007 年版。

58. 周永珍:《留法纪事》, 国家图书馆出版社 2008 年版。

59. 王奇生编著:《中国近代通史（第 7 卷）: 国共合作与国民革命（1924—1927）》, 江苏人民出版社 2009 年版。

60. 杨万秀主编:《广州通史现代卷》（上）, 中华书局 2010 年版。

61. 姚金果著：《解密档案中的陈独秀》，东方出版社 2011 年版。

62. 中共酉阳土家族苗族自治县委党史研究室编：《缅怀赵世炎》，中央文献出版社 2011 年版。

63. 黄洁薇编著：《陈延年》，吉林文史出版社 2011 年版。

64. 中共中央文献研究室、中央档案馆编：《建党以来重要文献选编（1921—1949）第 3 册》，中央文献出版社 2011 年版。

65. 中共中央文献研究室、中央档案馆编：《建党以来重要文献选编（1921—1949）第 4 册》，中央文献出版社 2011 年版。

66. 中共中央党史研究室著：《中国共产党历史》第一卷（上），中共党史出版社 2011 年版。

67. 徐克平、万峰岩、何翔编著：《兄弟碧血映红旗：陈延年陈乔年有关资料选编》，黄山书社 2012 年版。

68. 中共中央文献研究室编，逄先知主编：《毛泽东年谱（1893—1949）》（修订本），中央文献出版社 2013 年版。

69. 赵世炎著，中共中央党史研究室科研管理部编：《赵世炎文集》，人民出版社 2013 年版。

70. 李帆主编，白天鹏、金成镐编：《无政府主义派》，长春出版社 2013 年版。

71. 邓中夏：《邓中夏全集》（下），人民出版社 2014 年版。

72. 中共中央文献研究室、中共四川省委编著：《邓小平画传》（上），中央文献出版社 2014 年版。

73. 中国监狱工作协会监狱史学专业委员会编：《旧监狱寻踪》，上海书店出版社 2014 年版。

74. 中共中央党史研究室，中央档案馆编；李忠杰，段东升主编：《中国共产党第五次全国代表大会档案文献选编》，中共党史出版社 2015 年版。

75.（美）周策纵著，陈永明、张静译：《"五四"运动史》，世界图书出版公司北京公司 2016 年版。

76. 中共上海市委党史研究室编：《中国共产党创立之路》，上海人民出版社 2016 年版。

77. 鲜于浩：《留法勤工俭学运动史》，人民出版社 2016 年版。

78. 中共中央党史研究室著：《中国共产党的九十年（新民主主义革命时期）》，中共党史出版社、党建读物出版社 2016 年版。

79. 程庸祺编著：《亚东图书馆历史追踪》，安徽教育出版社 2016 年版。

80. 曾晓庄编：《陈公培文集》，上海人民出版社 2016 年版。

81. 邬国义：《历史的碎片（第 2 集）》，上海人民出版社

2016 年版。

82. 徐光寿著《"三次跨越"与"三个选择"——陈独秀对近代中国出路的探索》，上海社会科学院出版社 2017 年版。

83. 李瑊主编：《俞秀松画传》，学林出版社 2019 年版。

84. 龙华烈士纪念馆编：《英雄壮歌：龙华烈士纪念馆馆藏精品文物集萃》，上海教育出版社 2020 年版。

85. 中共中央文献研究室编：《周恩来年谱（1898—1949）》（修订本），中央文献出版社 2020 年版。

86.《安徽旅沪学生俱乐部成立》，《申报》1917 年 5 月 29 日。

87.《中华商业学校招生》，《申报》1917 年 8 月 27 日。

88.《查禁"妨害治安"的集会出版之经过》，《每周评论》第 24 期，1919 年 6 月 1 日。

89.《首途》，《时报》1919 年 12 月 26 日。

90.《陈延年君由巴黎致本校同学丁肇青君函》，《北京大学日刊》1920 年 4 月 14 日。

91.《军事委员会政治训练班教授陈东先生政治报告》，《工人之路》第 109 期，1925 年 10 月 11 日。

92. 林木：《忍不住了》，《人民周刊》第 32 期，1926 年 11 月 26 日。

93.《铲除共党巨憝》,《申报》1927 年 7 月 5 日。

94.《二十六军捕获共产党经过》,《申报》1927 年 7 月 7 日。

95.《悼赵世炎、陈延年及其他死于国民党刽子手的同志!》,《布尔什维克》第 1 卷第 1 期,1927 年 10 月 24 日。

96. 筱林:《陈延年印象记》,《社会新闻》第 7 卷第 20 期,1934 年。

97. 夏之栩:《回忆陈延年、陈乔年烈士》,《中国工人》1958 年第 9 期。

98. 中国第二历史档案馆,蔡鸿源、孙必有选编:《陈延年同志遇害后杨虎致吴稚晖函》,《历史档案》1982 年 4 期。

99. 蔡鸿源、孙必有:《陈延年同志牺牲于何时》,《学术月刊》1983 年 1 期。

100. 蔡鸿源、孙必有:《六月三十日是陈延年同志牺牲日》,《学术月刊》1985 年 8 期。

101. 邱捷:《广州商团与商团事变》,《中国现代史 》2002 年 7 期。

102. 邬国义:《旅欧期间周恩来批判的“三泊”是谁? ——兼论周早期与无政府主义的关系》,《史林》2008 年 1 期。

103. 张庆:《陈延年字联的发现与考辨》,《安庆日报》2020 年 8 月 21 日第 12 版。

104. 曹典：《陈独秀长子陈延年烈士牺牲时间考证》,《上海党史信息报·镜周刊》2021年3月31日。

105. 胡彦祖：《陈延年之死探原——兼析吴稚晖、胡适的"告密"传闻》,澎湃新闻网2021年5月5日。

106. 李传玺：《陈延年的牺牲，胡适被冤枉了吗?》《党史博采》2021年第6期。

后 记

　　为庆祝中国共产党成立 100 周年，中共上海市委党史研究室与龙华烈士纪念馆联合推出龙华英烈画传系列丛书，以铭记英烈们忠于革命、甘洒热血的感人事迹。在中国共产党的历史上，父子三人同时当选中央委员可谓绝无仅有。1927 年 4 月至 5 月，党的第五次全国代表大会在武汉召开。大会选出的 31 名中央委员中，陈独秀与他的两个儿子陈延年、陈乔年位列其中。他们为党的创建和发展做出了突出贡献。出于对陈独秀家庭的崇高敬意，我选择承担撰写《陈延年画传》的任务。

　　上海是陈延年学习、工作过的地方。早年他在上海读书求学，从上海出发赴法勤工俭学。1927 年四一二反革命政变发生后，陈延年在危急关头勇担重任，回到上海开展繁重工作。两个多月后，他在上海牺牲，年仅 29 岁。毛泽东曾称赞他是"不可多得的人才"。陈延年胸怀伟大理想，选择了和贫苦的工农站在一起，为了人民能够过上美好的生活与旧世界去不断的抗争，不惜献出自己年轻的生命。没有这些前仆后继、勇于牺牲的先烈，就没有新中国。今天繁荣昌盛的中国足以告慰烈士的英魂！

画史的写作工作，受到了室领导的高度重视。感谢严爱云主任的信任与鼓励，曹力奋二级巡视员多次组织召开专题推进会，年士萍处长关心推动了画传的写作。感谢吴海勇处长大力支持画传的写作工作，并对笔者撰写的陈延年牺牲时间的考证文章提供了明确具体的修改建议。徐光寿教授、徐迟博士、张磊博士通读了书稿全文，提供了宝贵意见。曾晓庄女士、高发明先生提供了重要资料。赵菲远赴广州帮助拍摄了部分照片，周奕韵委托朋友帮助搜集了照片，沈申甬提供了龙华烈士纪念馆馆藏资料和照片，周珺、韩晶、黄明、汪宇婧、晏蔚青、胡迎、段春义、张鼎、刘玉杰等也对本书的配图工作给予了很大帮助。上海人民出版社特别是责编吕桂萍为本书的编辑出版付出了辛勤的劳动。对于上述各方面的支持与帮助，一并表示衷心的感谢。

　　这是笔者独立完成的第一本图书，希望能够促进对陈延年的研究和宣传。由于水平有限，缺点和不足在所难免，欢迎批评指正。

作者

图书在版编目(CIP)数据

陈延年画传/中共上海市委党史研究室,龙华烈士
纪念馆编;曹典著. —上海:上海人民出版社,2021
ISBN 978 - 7 - 208 - 17218 - 0

Ⅰ.①陈… Ⅱ.①中… ②龙… ③曹… Ⅲ.①陈延年
(1898－1927)-传记-画册 Ⅳ.①K827＝6

中国版本图书馆 CIP 数据核字(2021)第 132755 号

责任编辑 吕桂萍
封面设计 周伟伟

陈延年画传
中共上海市委党史研究室 编
龙 华 烈 士 纪 念 馆
曹 典 著

出   版 上海人民出版社
          (200001 上海福建中路 193 号)
发   行 上海人民出版社发行中心
印   刷 上海中华印刷有限公司
开   本 720×1000 1/16
印   张 11.75
字   数 98,000
版   次 2021 年 7 月第 1 版
印   次 2021 年 7 月第 1 次印刷
ISBN 978 - 7 - 208 - 17218 - 0/K · 3106
定   价 58.00 元